ACCESO GRATIS *a la Lectura en la Nube*

Para visualizar el libro electrónico en la nube de lectura envíe junto a su nombre y apellidos una fotografía del código de barras situado en la contraportada del libro y otra del ticket de compra a la dirección:

ebooktirant@tirant.com

En un máximo de 72 horas laborales le enviaremos el código de acceso con sus instrucciones.

La visualización del libro en **NUBE DE LECTURA** excluye los usos bibliotecarios y públicos que puedan poner el archivo electrónico a disposición de una comunidad de lectores. Se permite tan solo un uso individual y privado

ORIGEN Y EVOLUCIÓN DEL JUICIO DE AMPARO MEXICANO

Procedimiento de selección de originales, ver página web:
www.tirant.net/index.php/editorial/procedimiento-de-seleccion-de-originales

ORIGEN Y EVOLUCIÓN DEL JUICIO DE AMPARO MEXICANO

JULIO CÉSAR MARTÍNEZ GARZA
MAYRA SUSANA CABRERA GONZÁLEZ

tirant lo blanch
Ciudad de México, 2024

En caso de erratas y actualizaciones, la Editorial Tirant lo Blanch México publicará la pertinente corrección en la página web www.tirant.com/mex/

Este libro será publicado y distribuido internacionalmente en todos los países donde la Editorial Tirant lo Blanch esté presente.

DIRECTOR DE LA COLECCIÓN:

ARNULFO SÁNCHEZ GARCÍA

© EDITA: TIRANT LO BLANCH
DISTRIBUYE: TIRANT LO BLANCH MÉXICO
Av. Tamaulipas 150, Oficina 502
Hipódromo, Cuauhtémoc, 06100, Ciudad de México
Telf: +52 1 55 65502317
infomex@tirant.com
www.tirant.com/mex/
www.tirant.es
ISBN: 978-84-1071-175-4

Si tiene alguna queja o sugerencia, envíenos un mail a: *atencioncliente@tirant.com*. En caso de no ser atendida su sugerencia, por favor, lea en *www.tirant.net/index.php/empresa/politicas-de-empresa* nuestro Procedimiento de quejas.

Responsabilidad Social Corporativa: http://www.tirant.net/Docs/RSCTirant.pdf

JULIO CÉSAR MARTÍNEZ GARZA

Nació en Monterrey, N. L. México el 20 de Julio de 1966, es: **1) Licenciado en Derecho y Ciencias Jurídicas** con Mención Honorífica por la Facultad de Derecho y Ciencias Sociales de la Universidad Autónoma de Nuevo León; **2) Maestro en Ciencias Penales** por la misma institución; **3) Investigador** con mención sobresaliente por la Universidad Pablo de Olavide, Sevilla, España (Certificado DEA); **4) Doctor en Derecho con orientación en Derecho Penal y Criminología** con mención sobresaliente **Cum Laude** por la Universidad Pablo de Olavide, Sevilla, España. **5) Doctor Honoris Causa** por el Colegio de Especialidades Jurídicas; y, **6) Investigador Nacional Nivel I** (SNI) por el CONACYT a partir del 2023 hasta el 2027.

CURSOS Y CAPACITACIONES: 1) Curso de especialización judicial federal impartido por el Instituto de Especialización Judicial Federal Extensión Nuevo León, Generación 1996. **2)** Certificado en la implementación, operatividad, avances; y, formador de capacitadores del sistema de justicia penal de corte acusatorio por el Centro de Estudios Jurídicos de las América (CEJA) en Santiago, Chile; por la Secretaria Técnica del Consejo de Coordinación (SETEC) por postulación por méritos del Instituto Nacional de Ciencias Penales; por el Instituto de Destrezas Esenciales para Abogacía; por la Florida Univertisy of Postrgraduate Studies sobre la Investigación Científica del Delito; por The National Institute for Trail Advocacy (NITA); por la Stetson University of Law; por OASIS; por el Poder Judicial del Estado de Nuevo León; por Aba Roli México: por USAID; y, por la SEGOB; **7)** Ha realizado cursos; e, impartido capacitaciones a la vez en el Instituto Jurídico Phronesis de Monterrey, N. L.

LABORALMENTE: Fue miembro del **Poder Judicial del Estado de Nuevo León**; de la entonces **Procuraduría General de Justicia del mismo Estado**; y, asesor jurídico en el **Poder Legislativo del estado de N. L.** Desde 1995 a la fecha es Director de la firma legal "**Martínez, Cabrera & Asociados, S. C.**".

ASOCIACIONES: Es miembro del: **1)** Colegio de Abogados de Nuevo León; **2)** Del Colegio Nacional de Abogados Especialistas en Juicios Orales, A. C.; **3)** Del Colegio Mexicano Independiente de Abogados del Noreste, A. C. del cual fue su Presidente; **4)** Del Ilustre y Nacional Colegio de Abogados de México, Capitulo Nuevo León; **5)** De ASIS International; y, **6)** De ASIS International México Norte Capitulo 239, Nuevo León.

ACADEMIA: Es **1)** Catedrático de Planta con perfil PROMEP desde Agosto de 1991 a la fecha en la Facultad de Derecho y Criminología de la Universidad Autónoma de Nuevo León; **2)** Catedrático invitado en la Facultad de Derecho de la Universidad de Monterrey, UDEM, en la maestría de Litigación Oral; **3)** Catedrático invitado por la Facultad de Derecho de la Universidad Autónoma de Yucatán para participar como capacitador en Diplomados y Talleres de Juicios Orales Penales; así como para ser catedrático en las maestrías de Derecho Penal y Amparo; **4)** Fue Capacitador en las materias de amparo, derecho penal; y, proceso penal acusatorio en los Poderes Judiciales de los Estados de Nuevo León, Puebla, Chihuahua y Coahuila a través de sus Institutos de Especialización Judicial; e incluso, en la casa de la Cultura Jurídica del PJF con sede en N.L; **5)** Ha sido invitado por la SEDENA a impartir cursos de juicios penales adversariales y orales a miembros castrenses en los estados de Nuevo León, México, D. F. y Puebla; **6)** Ha impartido infinidad de conferencias y ponencias sobre la materia penal, procesal penal, amparo, derechos humanos; y, sobre juicios penales orales; **7)** Fue Coordinador del Centro de Juicios Orales de la Facultad de Derecho y Criminología de la UANL en donde se encargó de difundir mediante entrevistas, ensayos, artículos en revistas y varios diplomados, cursos y talleres respecto a la implementación de la oralidad en los procedimientos de naturaleza penal, civil y familiar en el Estado de Nuevo León y a nivel nacional. **8)** Capacitador invitado por la Universidad de San Diego california EEUU (OASIS) para impartir cursos del sistema penal acusatorio a nivel nacional. **9)** En el Instituto Phronesis ha sido invitado para impartir diversas materias en grado de maestría y cursos respecto a juicio de amparo y oralidad penal. **10)** Ha sido y lo sigue siendo director de tesinas a nivel maestría y doctorado.

OBRAS PUBLICADAS: 1) En **2009** publicó la primera edición de su texto **"*Derecho Procesal de Amparo*"** coeditado por la Facultad de

Derecho y Criminología de la Universidad Autónoma de Nuevo León y Ediciones Lazcano Garza, S. A. Monterrey, N. L., México; mismo que en agosto del 2013 se actualizó conforme a la Ley de la Materia publicándose su Segunda Edición por dicha casa editorial y además por Flores Editores, encontrándose dicho en diversas librarías nacionales. **2)** En **2011** publicó su texto **"*Proceso Penal Oral*"** coeditado por la Facultad de Derecho y Criminología de la Universidad Autónoma de Nuevo León y Ediciones Lazcano Garza, S. A. Monterrey, N. L., México, además la Editorial Flores Editores publico la obra encontrándose dicho texto a la venta en librerías Nacionales. **3)** Colaboro en el año del **2013** como escritor en el texto de **"*Homenaje al Doctor Jorge Carpizo*"** con el tema "El expediente Posadas a través de la lupa jurídica" de editorial Porrúa. **4)** En **2021** publicó su obra intitulada **"*El Delito*"** por editorial Tirant Lo Blanch-México. **5)** Colaboro en el año del **2023** como escritor en el texto de **"*Mecánismos alternativos de solución de controversias para lograr el acceso a la justicia*"** con el tema "Los mecanismos alternativos de solución de controversias en materia penal en México" incorporado a la biblioteca virtual de la UNAM. "biblio.juridicas.unam.mx" https://tinyurl.com/yxcymd98

OBRAS EN PROCESO DE PUBLICACIÓN: 1) Texto **"*La Extractividad en Materia Penal*",** con la que obtuvo de grado de Doctor en derecho penal y criminología.

CONTACTO: Santiago Tapia 850 Ote. Zona Centro Monterrey, N. L. Tels.– 8372-6362; 8374-5054 y 8375-7098 (of) 8183629602 (cel). Correo electrónico juliomargar@hotmail.com

Invierno de 2023

MAYRA SUSANA CABRERA GONZÁLEZ

Nació en Monterrey, N. L. México el 17 de Julio de 1972, es: **1) Licenciado en Derecho y Ciencias Jurídicas** por la Facultad de Derecho y Ciencias Sociales de la Universidad Autónoma de Nuevo León; **2) Maestra en Métodos Alternos de Solución de Conflictos** por la misma institución; **3) Doctora Honoris Causa** por el Colegio de Especialidades Jurídicas; y, **4) Doctorante en Métodos Alternos de Solución de Conflictos** por la misma institución.

CURSOS Y CAPACITACIONES: Creadora del programa de justicia restaurativa autorizado por la agencia penitenciaria del Estado de Nuevo León desde el año 2019 llamado "Una mente y un alma sin rejas" dirigido a personas privadas de su libertad. Impulsora en la mediación empresarial 2008, culturalizando y difundiendo mediante propuesta, capacitación y formación académica de los MASC al personal de COPARMEX N. L. realizando el primer encuentro de mediación en COPARMEX en el Estado de Nuevo León en el año 2008. Ha tenido una formación constante en la materia de derecho procesal penal y el sistema acusatorio en prestigiadas instituciones nacionales e internacionales como USAID (Asociación Nacional de Universidades e Instituciones de Educación Superior de la República Mexicana), Oral Adversarial Skill-Building Immersion Seminar-OASIS Iniciativa Mérida, ABA ROLI MÉXICO, y a través del Tecnológico de Monterrey, en colaboración con el Instituto ASU (Sandra Day O^Connor College of Law Arizona State University) y a través de la FACDYC de la Universidad Autónoma de Nuevo León. Educadora Internacional de la Cultura de Paz - Institute international Education for Peace Institute from Canada and Switzerland. Facilitadora de justicia Restaurativa, certificada por el Instituto Internacional de prácticas restaurativas, "Jean Schmitz y Howard Zehr". Certificación en Círculos Restaurativos, "Dra. Kay Pranis". Certificación Programa Puente de Vida, Texas, EUA-Poder Judicial del el Estado de Nuevo León. Certificación como Educadora en Texas A&M Internacional University 2023.

Ha impartido las siguientes capacitaciones: Policía de Guadalupe, Nuevo León. Jueces Auxiliares sobre los métodos Alternos y Solución de Conflictos. Especialización en diálogos. Capacitación para la Formación de Coaching para empresas. Formación de Mediadores privados en diferentes centros de Mediación. Capacitación en la formación de mediadores a través del centro de mediación de la FACDYC de la UANL. Al personal del congreso del Estado de Nuevo León en el año 2021-2022. Capacitación a los docentes para obtener la Certificación Internacional de educación para la paz, en el Centro Universitario La Costa en Puerto Vallarta, (CUC) 2022.Capacitación de manera continua al equipo docente de la facultad de derecho de la Universidad de Montemorelos, en temas de cultura de paz, soluciones alternas en materia penal y mediación comunitaria.

LABORALMENTE: Fue mediadora certificada del Poder Judicial del Estado de Nuevo León del Centro de Métodos Alternos de Solución de Conflictos. Primera facilitadora restaurativa en aplicar círculos restaurativos en el albergue de mujeres rescatadas en situación de calle SAMPIN. Facilitadora privada de procesos restaurativos en los centros de reinserción social del estado de Nuevo León a través de programas de Justicia Restaurativa en el Cereso femenil; y, en los Centros Penitenciarios Varoniles en el municipio de Apodaca y Cadereyta en el Estado de Nuevo León. Facilitadora de procesos restaurativos en el ámbito comunitario, participando en el proyecto del Municipio de Monterrey, Nuevo León, al proponer una cultura de paz y armonía entre las comunidades mediante las practicas restaurativas. Mediadora en el ámbito familiar y empresarial.

ASOCIACIONES: Es miembro del: **1)** Del Colegio Mexicano Independiente de Abogados del Noreste, A. C.; **2)** Del Ilustre y Nacional Colegio de Abogados de México, Capitulo Nuevo León en donde es coordinadora de MASC; **3)** De ASIS International; **4)** De ASIS International México Norte Capitulo 239, Nuevo León. **5)** Subdelegada de la Sociedad Científica de Justicia Restaurativa Capítulo Nuevo León; **6)** Parte del Consejo Directivo del Colegio de Mediadores del Estado de Nuevo León. **7)** Miembro del Consejo de Seguridad del Grupo Reforma. Periódico del Norte, estado de Nuevo León. **8)** Miembro del Consejo Rector de Desarrollo Humano del municipio de Monterrey.

ACADEMIA: Desde el año 2004 es Catedrática en Licenciatura y Posgrado en la Facultad de Derecho y Criminología de la Universidad Autónoma de Nuevo León impartiendo cátedra en las materias de cultura de paz, derecho penal, sistema acusatorio, métodos alternos solución de conflictos. Catedrática invitada en el área de Posgrado en Justicia restaurativa por la Universidad Autónoma de Yucatán. Docente del "Institute international Education for Peace Institute from Canada and Switzerland".

OBRAS PUBLICADAS: 1) Coautora en la primera edición del texto "*La Profesión de la Mediación*", editado por *Tirant México,* mismo que forma parte del programa permanente del Colegio de Mediadores de Nuevo León.

CONTACTO: Santiago Tapia 850 Ote. Zona Centro Monterrey, N. L. Tels.– 8372-6362; 8374-5054 y 8375-7098 (of) 8112374844 (cel). Correo electrónico mascabreragzz@yahoo.com

Invierno del 2023

Índice

AGRADECIMIENTOS

A nuestros hijos Mayra Fernanda y Julio César Martínez Cabrera, quienes nos han enseñado lo más preciado de la vida a ser padres en toda la extensión de la palabra.

A nuestros finados padres a quienes debemos nuestra existencia y formación.

Al Dr. Mario Alberto Garza Castillo, Director de la Facultad de Derecho y Criminología de la UANL, por su incondicional apoyo y disposición a favor de esta obra.

Al Dr. Juan Ángel Salinas Garza, a quien respetamos profundamente por sus atentas palabras al prologar esta obra.

A nuestros colegas catedráticos universitarios por la sincera amistad demostrada por tantos años.

A Lic. Daniel de León Esparza por su invaluable colaboración en la realización de este texto.

PALABRAS DE AUTORES

México ha experimentado desde el 2011 una escalada reformativa en variados ordenamientos jurídicos; de entre ellos, el que más ha impactado lo son aquellos en materia de derechos humanos que ha irradiado profundamente la vida nacional.

No es que no se reconocieran ya desde antaño un *quantum* de derechos mínimos fundamentales, antes conocidos como garantías individuales o sociales, mismas que preferíamos conceptualizarlas como garantías constitucionales derivado del ordenamiento fundamental del que derivaban, sino que es por primera vez que en la Constitución mexicana, artículo 1°, se hizo alusión específica y concretamente al reconocimiento terminológico de derechos humanos; y, de garantías para su protección.

Precisamente, derivado de ello es que se realizaron una seria de adecuaciones no solamente constitucionales, sino de diversas leyes, de entre ellas la de amparo que ya resultaba inaplazable, para ajustar dicha reforma a una verdadera conceptualización de derechos humanos conforme a estándares internacionales y nacionales.

Es así, por lo que al ser el juicio de amparo mexicano una herramienta constitucional de protección de derechos humanos qué, desde su conceptualización, propuesta para ser incorporada como norma positiva, incorporación a ley fundamental, puesta en marcha operativa, vigencia; y, sobre todo efectividad resulta necesario conocer su evolución histórica para entender en su exacta dimensión la magnificencia de dicha institución jurídica.

PRÓLOGO

El juicio de amparo es el principal medio de control constitucional en México, y como tal ha contribuido al avance y evolución de la ciencia jurídica nacional, pero sobre todo representa la principal herramienta para procurar el acceso a la justicia a los ciudadanos. Para comprender la magnitud y alcance de las instituciones jurídicas, es siempre indispensable conocer sus orígenes, su evolución y su desarrollo por el paso de los tiempos.

El amparo desde sus inicios hasta estas fechas ha pasado por grandes momentos históricos que lo han trasformado y han contribuido a otorgarle la esencia, respetabilidad y eficacia que actualmente goza, en palabras de los autores: "para entender en su exacta dimensión la magnificencia de dicha institución jurídica". Por ello resulta indispensable conocer la historia del juicio de amparo desde las primigenias instituciones que le sirvieron de base, pasando por los grandes momentos que le han impreso su actual naturaleza.

Los autores el Doctor Julio Cesar Martínez Garza y la Doctorante Mayra Susana Cabrera González son conscientes de la importancia de la historia del juicio de amparo, y por ello se han preocupado por realizar una extensa investigación sobre la historia del juicio de amparo, la cual ponen a nuestra disposición a través de esta magnífica y útil obra que surge como una referencia obligada en la materia, contribuyendo de esta manera a un más profundo conocimiento de la materia.

La obra que hoy tengo el honor de presentar se divide en cuatro grandes apartados, en los que se escudriña desde la génesis del juicio de amparo, con sus antecedentes castellanos, pasando por los pensamientos de los grandes juristas que le imprimieron su sello como lo fueron Otero, Rejón y Vallarta, para con ello situarse en nuestra actual Constitución y las leyes de amparo de 1919 y 1936, para concluir en el análisis de las recientes reformas que dieron origen a la actual Ley de Amparo.

Los autores además de ser reconocidos abogados que ejercen dignamente la profesión, son grandes académicos y catedráticos de la Facultad de Derecho y Criminología de la Universidad Autónoma de Nuevo León, pero sobre todo son entrañables amigos a quienes admiro y respeto profundamente. Es por ello que a los abogados, jueces, alumnos y a todos los que participamos desde diversos ámbitos en el quehacer jurídico les recomiendo ampliamente la lectura de la presente obra.

Monterrey, N. L. a 20 de Septiembre de 2023
Dr. Juan Ángel Salinas Garza

INTRODUCCIÓN

Fix-Zamudio,[1] respecto al Juicio de Amparo refirió que si bien es cierto es considerado típicamente mexicano, éste fue el resultado de una lenta y dolorosa evolución de diversos elementos confluyentes, tanto nacionales como extranjeros, que al haberse fusionado lo moldearon con una estructura personalísima y particular que ha decantado el discurrir jurisdiccional de protección de derechos humanos.

Es incuestionable que a partir de la Declaración de los Derechos del Hombre y del Ciudadano de Francia de 1789, la conceptualización, interpretación y protección de los considerados como derechos mínimos e inalienables del ser humano generaron una nueva perspectiva en torno a ellos.

A partir de dicho evento podemos afirmar que inició una nueva era en la que el respeto a la "*libertad*" del individuo es el objeto de consagración de la mayor parte de los regímenes democráticos de un Estado de derecho, siendo esto precisamente la punta de lanza que generó la necesidad de buscar, analizar, discutir; y, poner en marcha mecánismos jurídicos para su protección.

En el caso particular, el esfuerzo contenido en la presente obra está encaminado a brindar de manera sintética y digerible el camino histórico que ha recorrido nuestra herramienta jurídica interna de protección de derechos humanos de la que pueden hacer uso los gobernados, el Juicio de Amparo, para su implementación.

De igual manera, se aborda la reforma integral que dicha institución jurídica sufrió en abril del 2013; así como las modificaciones a dicha legislación que de manera posterior se le han realizado a efecto de adecuar su normativa a las exigencias prácticas tanto nacionales como internacionales que respecto a la salvaguarda de derechos fundamentales se exigen.

---

1 FIX-ZAMUDIO, Héctor. *ENSAYOS SOBRE EL DERECHO DE AMPARO.* Editorial Instituto de Investigaciones de la UNAM. México. 1993. p. 22

Esperamos que la presente Obra jurídica sea una herramienta de difusión cultural para entender en su máxima dimensión la noble institución del Juicio de Amparo.

I. GÉNESIS DEL AMPARO

1.1. Antecedentes Castellanos; 1.2. Amparo Aragonés; 1.3 El Juicio Constitucional mexicano, 1.3.1 El *Habeas Corpus* y la *Judicial Review*; 1.4 Antecedentes Coloniales, 1.4.1 Amparo Colonial, 1.4.2 La Constitución de Cádiz; 1.5 Primeras expresiones en México al Juicio de Amparo, 1.5.1 El supremo Poder Conservador, 1.5.2 la Constitución de Yucatán de 1841, 1.5.3 Proyectos constitucionales de 1842, 1.5.4 Actas de Reformas de 1847, 1.5.5 La Constitución Federal de 1857; 1.6 Primeras Leyes de Amparo, 1.6.1 Ley de Amparo de 1861, 1.6.2 Ley de Amparo de 1869, 1.6.3 Ley de Amparo de 1882; 1.7 Regulación del Amparo en 1897 y 1908.

1.1 ANTECEDENTES CASTELLANOS

Para localizar los posibles orígenes del juicio de amparo, en el derecho de Castilla, es pertinente recordar en el siglo XV, la incorporación de las llamadas "Indias[2]" y de la Nueva España a Castilla, lo cual provocó que el orden jurídico prevaleciente a la conquista fuese precisamente el nuevo derecho de Castilla, resultado de las nuevas condiciones sociales, económicas, políticas y militares del Medievo.[3]

Las Siete Partidas, cuyo antecedente es a su vez la expresión del derecho uniformador de Fuero Juzgo como derecho local de las principales ciudades reconquistadas y del Fuero Real texto de las ciudades castellanas, es la referencia tomada por el monarca de obras legislativas del derecho romano y canónico europeo.

La vigencia de las Partidas en México, durante la época colonial, depende en gran medida de la reiteración de los textos jurídicos en Castilla, de esta forma el derecho procesal civil ha de entenderse a partir de la obra de Alfonso X, trasladadas por Castilla a la Indias, bien como derecho nuevo, bien como supletorio en todo lo no regulado por aquel. Una frase dictada por Carlos V en 1530 fue: Que se

---

2 Colonias americanas y Filipinas al reino de Castilla

3 SOBERANES FERNÁNDEZ, José Luis; y, MARTÍNEZ MARTÍNEZ Faustino José. *APUNTES PARA LA HISTORIA DEL JUICIO DE AMPARO.* Editorial Porrúa. México. 2002. p. 15

guarden las leyes de Castilla en lo que no estuviere decidido por las de las Indias.

En la Primera Partida se explica lo que debe entenderse por "derecho natural", por el de "gentes" (*ius gentium*), por leyes, usos, costumbre y fueros, prescribiéndose el carácter realista que debe tener toda legislación. En la Segunda Partida se comprende el derecho político, cuyo principio de sustentación lo constituyen las ideas que en la edad media imperaban sobre la radicación de la soberanía. Las demás partidas regulan cuestiones de derecho procesal, civil y penal, sin embargo, a pesar del designio real para que las Siete Partidas conformasen un cuerpo unificador del derecho español derramado en diferentes ordenamientos, lo cierto es que subsistió diversidad de cuerpos legales por la infinidad de fueros generales, provinciales y municipales.[4]

Soberanes[5] afirma que en esa etapa histórica es donde debe entroncarse el juicio de amparo, con el ordenamiento judicial que regulaban las Partidas y en concreto con los llamados "amparamientos". Indistintamente se aludía a este vocablo al referirse a los documentos en los cuales se hacía constar los derechos y obligaciones entre estos dos sujetos, protector y protegido, surgiendo las "cartas de amparo", escrituras expedidas por el monarca para que se otorgara la protección especial a una persona o a un grupo de personas y sancionar a quien en caso contrario desobedeciere.

De un amparo como especial protección del rey a unos cuantos privilegiados, pasó a un amparo para toda la generalidad, extendiéndose a los súbditos y regulándose mediante los correspondientes mecanismos procesales, para que quien tiene la necesidad de defenderse o ampararse en los pleitos, así como contra sentencias que vulneren el derecho de defensa puedan hacerlo. Es esta la acepción medieval de la voz amparo, formada a través del derecho común de defensa mediante mecanismos jurisdiccionales, de ahí deriva la "alzada" o "apelación"[6].

---

4 BURGOA ORIHUELA, Ignacio. *EL JUICIO DE AMPARO.* 42a. Edición, Editorial Porrúa. México. p. 50.

5 Ob. Cit. SOBERANES FERNÁNDEZ, José Luis; y, MARTÍNEZ MARTÍNEZ, Faustino José. p. 24.

6 Ibídem. p. 25

De acuerdo con lo señalado por las Partidas, la alzada, era el mecanismo de recurso ante un juez superior frente a una sentencia civil o criminal que ha causado daño o un perjuicio injustificado, con miras a que se repare el mal causado, siendo el precedente del recurso de apelación. Este mecanismo de defensa, sin embargo, no está al alcance de los siervos y esclavos, por sí o por medio de sus amos, por el hecho de no ser libres de conformidad con la Partida 3, situación que también acontece con los sometidos a patria potestad, es decir carecen de capacidad procesal conocida como legitimación.

La esencia de la alzada es el agravio, en el orden criminal, la condena es en sí misma suficiente para que surja el agravio, a excepción de algunos delitos, a saber; la rebelión, la traición, robo con ladrón conocido, es decir, casos de especial trascendencia y consecuencias graves de repercusión social en cuyo caso era "casos de Corte" y no por cualquier tribunal. En el orden civil el agravio se materializa en toda sentencia condenatoria que dañe o disminuya el patrimonio del condenado, salvo las deudas a favor del rey. La excepción a la procedencia de la alzada la encontramos en las sentencias interlocutorias, por exclusión de las partes mediante pacto expreso, contra las dictadas por el rey y emperadores o en su nombre.[7]

En cuanto a la autoridad competente para conocer las alzadas, Soberanes[8] señala como regla general se establecieron jueces menores y mayores, cuya competencia estaba determinada por la cuantía del asunto, asimismo, los tribunales del rey estaban obligados al conocimiento de los pleitos de viudas y huérfanos, así como de los de la gente pobre y miserable; también se podía acudir ante el rey, con la salvedad de que no podían ser recurridas las sentencias recaídas a ulteriores recursos.

Por otra parte, referente al momento en que se debía interponer, bastaba que en el momento de recibir la sentencia la persona agraviada se alzara de palabra, dejando constancia de que su intención es inconformarse con la decisión judicial, de lo contrario tenía que interponerse el escrito dentro de los diez días siguientes. Enviados los autos el juez puede confirmar o revocar, en cuyo primer caso con-

---

7 Ibídem. pp. 29, 30 y 31.

8 Ibídem. pp. 38 y 39.

denará a costas al perdidoso, pero si se hayan nuevos elementos en el pleito debe enderezarse como nuevo juicio.[9]

Por lo que en nuestra opinión la alzada se traduce como una verdadera y real segunda instancia, una apelación, sin dejar de lado la importancia de la supremacía del poder judicial.

La segunda forma de amparamiento prevista en la Partida Tercera, es la llamada Merced Regia, la cual tiene como fundamento la gracia, la sola voluntad del rey orientada a la creación de una situación jurídica de excepción. La vía de gracia o de merced, se plasma en el poderío del rey para situarse al margen del ordenamiento jurídico, es pues un concepto de dispensa fundamentado en la simple decisión de un monarca para colocar a los súbditos al lado de situaciones jurídicas, incluso provocando la injusticia.

El acceso a ella es amplio, pues todo hombre libre la podía solicitar, aun en el caso de los siervos quienes pedían venganza por la muerte de sus señores. La reparación de los errores y proceder de los oficiales regios tenía su más especial remedio en esta actuación, la reverencia a la persona del rey suponía la no aplicación de una sentencia o de un cuerpo normativo. El efecto de la merced, desde luego, era la revocación sea total o parcial. El plazo para el ruego es de diez días desde que se dio la sentencia del rey, en cuyo caso no necesariamente se suspende la sentencia, dado que el ganador puede pedir la ejecución provisional prestando fiador, sin embargo, existía un plazo excepcional de dos años en los cuales ya no había la necesidad de dar fiador porque la ejecución de la sentencia se ejecutaba de inmediato.[10]

Para efectuar una protección especial dirigida a los más desvalidos e indefensos seres, los menores de edad, límite de veinticinco años establecido por la normatividad alfonsina, las partidas fijan una amplia gama de disposiciones. Tomado de la jurisprudencia latina, se les concede la *restitutio in integrum* para eliminar los efectos nocivos generales, se eliminan los efectos de las sentencias tal como si no hubieran existido.[11]

---

[9] Ibídem. pp. 40 y 41.

[10] Ibídem. pp. 46, 47, 48, 49 y 50.

[11] Ibídem. p. 52

Es un mecanismo alternativo de la alzada y la apelación con consecuencias distintas, al grado de que la restitución solo aprovecha al menor en cuanto no cumpla la mayoría de edad, pues en este caso la vía primeramente mencionada será la ideal para su defensa. Son tres los elementos esenciales; la minoría de edad, la existencia del daño o menoscabo y la causa de la restitución, a los reyes, iglesias, parroquias y concejos se extiende la restitución, pues es infiere que sus bienes pueden ser sometidos a actuaciones engañosas al igual que los menores.[12]

Otra figura importante es la revisión extraordinaria por falsedad en la prueba, traducida en las sentencias dictadas que no corresponden a la realidad de los hechos enjuiciados por el empleo de pruebas o testigos falsos, porque se dicta contra la ley o fuero, contra natura o buenas costumbres o condena de imposible realización; porque los juzgadores no han respetado las reglas específicas de la actuación jurisdiccional; bien por el incumplimiento de las normas que regulan el desarrollo del proceso. Sus efectos claros son casuísticos, la nulidad total de lo actuado, la restitución o el dictado de una nueva sentencia. En el primer caso, son competentes tanto el juez que dictó la sentencia como su superior, siempre a instancia de parte y el plazo es de veinte años. En el segundo caso, al tratarse de una nulidad radical e insubsanable no se fija plazo alguno y al igual que en el caso anterior, es el juez que la dictó o su superior quien conoce del asunto.[13]

Es pues parte del panorama histórico, sin embargo, se puede concluir al igual que el autor Soberanes Fernández,[14] "no hay propiamente defensa de derechos y garantías, conforme al constitucionalismo moderno, la alzada no duda es un caso de apelación que no necesariamente implica violación de derechos fundamentales, resultan sin duda un antecedente indirecto del juicio de amparo".

---

12 Ibídem. pp. 54, 55, y 56.

13 Ibídem. pp. 60, 61 62 y 63.

14 Ibídem. p. 72.

1.2 AMPARO ARAGONÉS

Padilla,[15] señala que el Derecho Aragonés, concretamente, los procesos forales representan figuras antecesoras del amparo.

El Derecho Aragonés ponía en práctica lo que se conoce en la actualidad como "pacto social" o "pacto político", lo que implica que los distintos grupos sociales, a través de sus representantes, tenían una participación muy activa en la vida política del reino, concretamente tratándose de su aspecto legislativo.[16]

En comparación con las Cortes Castellanas, las Aragonesas gozaban de una mayor participación en el proceso legislativo, pues a través de su actuación dotaban de legitimación la creación de nuevas normas, con todo y que la facultad legislativa pertenecía al rey. La función esencial de estas Cortes era garantizar que las nuevas normas se adecuaran al derecho que por tradición regía en el reino,[17] de tal forma que, si advertían alguna violación o contravención a aquél, estaban en aptitud de denunciarlo.

La tradición política del reino de Aragón establecía que el monarca había sido elegido por todos los miembros de la aristocracia y, por tanto, tenían el poder para obligarlo a abdicar. Es por eso que las facultades del monarca se encontraban limitadas por el equilibrio de poderes, a través de controles y restricciones recíprocas (del rey hacia las Cortes y viceversa).[18]

El Justicia Mayor fue una institución del derecho aragonés que, en sus inicios, se desempeñó como asesor jurídico del Mayordomo del rey o jefe de su casa doméstica. Con el tiempo, las atribuciones, competencias, así como las garantías del Justicia fueron evolucionando a la par del sistema político aragonés, hasta finalmente desaparecer como institución política a finales del siglo XVI.[19]

---

15 PADILLA, José R. *SINOPSIS DE AMPARO.* Cárdenas Editor. México. 1977. p. 46

16 SOBERANES FERNÁNDEZ, José Luis; y MARTÍNEZ Martínez Faustino José Ob. Cit. p. 77

17 Ídem.

18 Ibídem. p. 80.

19 Ibídem. p. 83.

Soberanes,[20] destaca las siguientes funciones específicas del Justicia Mayor:

a) Juez medio entre el rey y su reino; intervenía en conflictos que se suscitaban entre el rey y los nobles.

b) Funciones político constitucionales: como recibir el juramento de los reyes de Aragón, así como de otras autoridades; actuar como lugarteniente del monarca o embajador en el extranjero, o convocar las Cortes para remediar graves contrafueros o en situaciones excepcionales.

c) Poderes jurisdiccionales: conocimiento de los delitos de los oficiales reales, de los cometidos por caballeros; o procedimientos contra los diputados del reino por faltar respeto a los fueros y observancias. Dentro de esta función, destaca la competencia para conceder protección especial a ciertos derechos de los ciudadanos del reino de Aragón.

d) Funciones de protección de los fueros y leyes del reino de Aragón por medio de la función consultiva. El Justicia era el supremo intérprete del ordenamiento del reino, a grado tal que sus dictámenes eran vinculantes para los jueces.

e) Funciones de defensa militar: el Justicia podía enjuiciar a oficiales de otros reinos por los abusos cometidos en el reino de Aragón.

En los inicios de su función, el Justicia actuaba en solitario. Poco a poco, de acuerdo a las necesidades del reino, se fue agregando personal de apoyo al Justicia. En principio fueron dos lugartenientes que lo asistían y asesoraban en temas eminentemente jurídicos, pues el Justicia la mayoría de las veces no era un perito en derecho, sino un noble dedicado a las armas.[21]

Finalmente, el Justicia sería apoyado por cinco lugartenientes, todos ellos juristas, quienes sesionaban para resolver los asuntos, mismos que debían ser resueltos por mayoría o por unanimidad de votos para que el Justicia estuviera en aptitud de dictar su fallo. El Justicia gozaba de una serie de garantías durante el desempeño de sus fun-

---

[20] Ibídem. pp. 100, 101.

[21] Ibídem. p. 90.

ciones. Estas garantías fueron concebidas como un sistema orientado a tutelar la labor del Justicia y el desarrollo de la misma con las mayores esperanzas de independencia e imparcialidad, evitando así cualquier tipo de injerencia del rey o la Corte.[22]

En cuanto a los procesos forales del derecho aragonés se conocen con el rubro general de privilegios, que contenían la enunciación de derechos sustantivos y medios para su efectiva garantía.[23]

A diferencia del recurso de agravios, que tenía el mismo objeto y que se ventilaba ante las Cortes o el Justicia, los procesos forales debían promoverse ante el Justicia en ciertos casos, y en otros ante cualquier juez. Existieron cuatro procesos forales, a saber:

1. **Aprehensión**

Soberanes[24] la define como un secuestro de bienes inmuebles (llamados "sitios") que podía ser promovido ante el Justicia o ante cualquier juez, mismo que iniciaba la persona que se veía perturbada en la posesión, de forma y manera que se le protegía aquélla hasta que se dilucidara la propiedad. El procedimiento comenzaba con indicar quién era el poseedor provisional y culminaba con la declaración de propiedad. Se dividía en cuatro artículos:

- Provisa. Comprendía la presentación de la demanda, descripción del bien, narración de los hechos violentos, pruebas testimoniales. Se actuaba inmediatamente sin audiencia de contraparte y se resolvía si se concedía o no el secuestro de bienes.
- De Lite Pendente. En esta fase se decidía a primera vista sobre la posesión. Culminaba con una sentencia declarativa sobre a quién le corresponde la posesión de los bienes secuestrados.
- Firmas. Se trataba de un juicio plenario, en oposición a uno sumario. Se discutía de forma más profunda sobre la posesión definitiva.
- Propiedad. Es otro juicio plenario en el que se discutía sobre la titularidad del dominio del bien secuestrado.

---

22 Ibídem. p. 93

23 PADILLA, José R Ob. Cit. p. 46

24 SOBERANES Fernández José Luis y MARTÍNEZ Martínez Faustino José Ob. Cit. p. 106

2. **Inventario**

El proceso de inventario es afín al de aprehensión, con la salvedad de que aquél versa sobre cosas muebles o documentos que tienen relevancia para las partes. La finalidad de este proceso era el de asegurar los bienes o documentos ante una amenaza violenta, para que pudiera verificarse su contenido y de ahí deducir los derechos de las partes interesadas. También tenía como finalidad evitar la falsificación o sustitución de documentos, así como obtener copia de los mismos y posteriormente solicitar su reconocimiento.[25] El proceso constaba de dos fases:

- Secuestro. Se realizaba el inventario de bienes y documentos y, de ser procedente se secuestraban de forma cautelar, procediendo a efectuar la declaración de derechos sobre los mismos.
- Proceso plenario. Se emplazaba a todo interesado que tuviera algún derecho, se les daba audiencia y finalmente se pronunciaba sentencia.

3. **Firma de Derecho**

Según Soberanes,[26] este proceso foral aparece como una orden de inhibición que se obtenía del Justicia Mayor, para que los jueces o particulares no perturbaran a las personas o sus bienes contra fuero y derecho, tanto en lo civil como en lo criminal. Los fueros aragoneses establecían una garantía de seguridad parecida a la que hoy contiene el artículo 16 de la Constitución mexicana, en tratándose de actos de molestia. Si alguna persona era objeto de violencia en su persona o patrimonio, podía entablar la firma ante el Justicia, quien ordenaba al juez ordinario que suspendiese el procedimiento, siempre y cuando las alegaciones fueran conforme a derecho y que se hubiere prestado la garantía suficiente en forma de fianza. La suspensión producía sus efectos hasta que el Justicia examinaba si se había producido o no la violación aducida. Si se estimaba procedente la firma, se obligaba al juez a reparar los daños y reponer todo el procedimiento.

---

25 Ibídem. p. 108

26 Ibídem. p. 110

Existían dos clases de procedimiento de firmas. El entablado por daños hechos y el de daños temidos. El primero era admitido en contra de todo tipo de sentencias que hubieran causado gravamen. A través de este procedimiento se lograba que el Justicia solicitara la revocación de los agravios y ordenara al juez expresa inhibición. Era complejo y formal. El segundo no era procedente en todos los casos, y en el se alegaba que algún oficial o juez intentaba actuar contra los fueros. Con este procedimiento se pretendía que el Justicia paralizara el procedimiento como medida cautelar, y adicionalmente evitar la prisión de personas a quienes sometían a inquisición. Al tener el tratamiento de medida cautelar, este proceso foral era sencillo y antiformalista.[27]

4. **Manifestación**

El proceso foral de mayor importancia y conexidad con el amparo que hoy se conoce es el de manifestación. Se trataba de un proceso cautelar a través del cual se buscaba garantizar el respeto a los derechos de toda persona enjuiciada, así como evitar torturas, violencias o vejaciones. El Justicia, a instancia de parte agraviada, dictaba un mandato llamado letra, dirigido a cualquier juez o persona particular que mantuviera a otra presa o detenida, pendiente o no de proceso, para que la entregara a fin de que no se ejerciera violencia alguna sobre aquélla antes de que se dictase sentencia.[28]

1.3 EL JUICIO CONSTITUCIONAL MEXICANO

Los Estados Unidos surgieron como una nación, con vida jurídica independiente, organizados en una confederación. En su lucha por la independencia, las colonias inglesas tuvieron que reunir recursos y esfuerzos en una acción conjunta contra Inglaterra, consumada la ruptura del vínculo de dependencia entre la metrópoli y las colonias, éstas permanecieron unidas expidiendo los mencionados artículos, cuyas signaturas eran trece colonias que más tarde fueron entidades federativas de la Unión Americana.[29]

---

[27] Ibídem. p. 113

[28] Ibídem. p. 114

[29] BURGOA Ignacio Ob. Cit. p. 72.

Desde la fundación de las colonias inglesas, funcionaba el *Common Law* trasplantado de Inglaterra, el cual se ha proyectado sobre todo el continente americano, como resultado de su implantación en las antiguas colonias británicas del norte.[30]

El *Common Law* basado en el respeto al precedente judicial, a la costumbre y a la equidad; se forma y desenvuelve de acuerdo con parámetros diferenciados de los existentes en el derecho castellano y europeo en general; nace en virtud de sucesivas conquistas de los romanos, pueblos germánicos y daneses, así como la caída de Inglaterra bajo el poder de los normados en 1066, quienes habían creado un marco político organizado convirtiéndose en vasallos del rey de Francia. Guillermo y sus sucesores se percataron que, como base de la unidad nacional, era necesario lograr tanto la unificación de la administración de justicia, como del derecho, y que ambos objetivos deberían alcanzarse a través de la labor de los jueces reales.

Con el tiempo, la Corona logró el establecimiento de tres tribunales con sede en la ciudad de Londres, la *Court of Exchenquer*, para asuntos hacendarios; *Court of King´s Bench* (el Tribunal del Banco del rey), órgano de apelación que revisaba las sentencias de los tribunales inferiores y los actos de los principales oficiales del reino y *Court of Common Pleas* (el Tribunal de las Causas Comunes).

La labor de esos primeros jueces y tribunales fue decisiva para la formación del *Common Law*, puesto que actuaban aplicando las costumbres locales, comparándolas, eligiendo la mejor y más justa con la finalidad de crear un sistema jurídico uniforme. El derecho aplicado por los órganos judiciales fue el mismo con lo que se caminaba hacia la formación de un auténtico derecho común británico el" *Common Law*", de esta forma los operadores jurídicos, van creando a través de ejemplos jurisdiccionales para casos concretos un derecho nuevo con fuerza obligatoria para casos análogos.[31]

Paralelamente a la formación de ese derecho común, de raíz consuetudinaria, nacido de la justicia, deriva también de la justicia monárquica la *Equity*. En el siglo XIV, los particulares, cuando no pudieron obtener justicia de los tribunales reales, empezaron a llevar

---

30 SOBERANES, José Luis y MARTÍNEZ Faustino José Ob. Cit. p. 123.

31 Ibídem. p. 126

su quejas directamente al rey, quien a su vez, las turnó al canciller, como la persona idónea para resolverlas, siendo el funcionario más cercano a su persona, considerado, además, como el guardián de la conciencia monarca. De ahí que, para encargarse de estos asuntos, el canciller tuviera que crear un nuevo tribunal, que fue el Tribunal de la Cancillería. Se trataba de una justicia de tipo corrector, basada no en el derecho positivo, sino en la equidad, en la mitigación del rigor derivado de la estricta aplicación de las leyes y costumbres. Los cancilleres, fueron personajes muy poderosos y miembros de la Iglesia Católica (Clérigos), quienes con frecuencia recurrían al derecho canónico en busca de alguna solución para resolver los casos de su competencia. La *Equity* nació como una rama complementaria del *Common Law,* para remediar situaciones que este último, debido a su carácter más rígido y formal, fue incapaz de resolver.[32]

En estos sistemas cobran importancia el respeto a dos principios jurídicos de inexcusable cumplimiento por parte de los titulares del poder político, la seguridad personal traducida en el respeto a la vida y libertad personales y el derecho de propiedad; reconocidos en Inglaterra como derechos individuales públicos, oponibles al poder; lo cual no impidió la existencia de conflictos y choques entre el rey y parlamento, teniendo como resultado la formación de Cartas o *bills,* documentos públicos obtenidos del rey o del parlamento bajo la apariencia de pactos o convenios, en los que se recogían los derechos y deberes de las partes implicadas en ese pacto político constitutivo de la comunidad.[33]

Se pueden destacar dos presencias en la vida del derecho anglosajón, mediante la experiencia norteamericana, que influyen en el ordenamiento mexicano: del modelo propiamente inglés el *habeas corpus,* como medio protector de la libertad humana contra prisiones arbitrarias; del modelo norteamericano procederá el sistema de control constitucional de las leyes, conocido como la *Judicial Review* o sistema difuso de control. Procedimientos dirigidos a conocer y resol-

---

32 MORINEAU, Marta. *UNA INTRODUCCIÓN AL COMMON LAW.* Universidad Nacional Autónoma de México. México 2004. pp. 15 a 17.

33 SOBERANES FERNÁNDEZ José Luis y MARTÍNEZ MARTÍNEZ Faustino José Ob cit. p. 131

ver las violaciones de la Constitución y de las libertades individuales; de los cuales se efectuará un breve estudio.[34]

1.3.1 El Habeas Corpus

La locución latina *habeas corpus* se traduce como “hallar el cuerpo” expresión con la que se iniciaban las ordenes que se libraban a los carceleros o a los que privaban de la libertad a alguien. Se manifiesta como un procedimiento consuetudinario que permitía someter a los jueces el examen de órdenes de aprehensión ejecutadas, así como la calificación de la legalidad de sus causas. Su efecto principal es la consecución de la libertad del individuo para actuar y evitar ser detenido sin una orden judicial expresa en su contra, aunque se excluía la aplicación del mismo en los casos de delitos graves, alta traición y detenciones motivadas por deudas civiles, ampliándose posteriormente contra órdenes de detención dictadas por un juez incompetente; convirtiéndose para Estados Unidos en un auténtico recurso penal de naturaleza federal.[35]

Se diseña como un mandamiento dirigido por un juez competente a la persona o autoridad que tenga en prisión a un individuo, a partir de ese requerimiento, se siguen tres fases:[36]

1. Que se exhiba y se presente a la persona aprehendida o secuestrada en el lugar y momento señalados por el juez competente.
2. Que se exprese el fundamento jurídico de la detención o del arresto.
3. Que se cumplan las demás prevenciones indicadas por el juez para garantizar la seguridad y la integridad del detenido.

El derecho británico conocía otros remedios frente a las posibles violaciones de esos derechos y libertades personales como: el *Write mainprize* orden dirigida al *sheriff* cuando una persona ha sido reducida a prisión por un delito susceptible de libertad bajo fianza y esta se ha negado; *Write of odio et atia*, dirigido al *sheriff* para que investigare si un preso acusado de homicidio había sido acusado por

---

34 Ibídem. p. 134

35 Ibídem. pp. 135-136

36 Ibídem. p. 139

presunciones fundadas o solamente por mala voluntad y el *Write de homine replegando* cuyo objeto esta obtener la libertad de un individuo preso mediante caución de presentarse a responder por los cargos que resultasen. Sin embargo, el *habeas corpus* era el más efectivo y resolutivo. Constituyó el precedente inmediato del amparo dirigido a la salvaguardia de las libertades, si bien con un alcance superior en el caso mexicano.[37]

1.3.2. Judicial Review

La idea de que la Constitución es auténtica norma jurídica y no un texto político pragmático presenta sus orígenes en el sistema anglosajón. Es la norma superior que preside la jerarquía de fuentes de todo orden jurídico de la cual derivan todas las demás leyes, conforme al modelo piramidal de Kelsen.

El valor normativo de la Constitución es un axioma profundamente arraigado en el moderno constitucionalismo, por lo que su existencia no exige solamente el cumplimiento de aquellos principios acuñados por los revolucionarios franceses en su Declaración de 1789, sino su defensa a través de mecanismos que consoliden y defiendan su superioridad formal o sustancial, al mismo tiempo que adaptan la totalidad del ordenamiento jurídico a sus principios, reglas y formulaciones de todo tipo, tanto dogmáticas como orgánicas.[38]

Las primeras manifestaciones de este sistema de defensa de la Constitución aparecen en Inglaterra, en la labor del juez Edward Coke en el siglo XVII, quien trató de poner un freno a las actuaciones arbitrarias y abusivas de los monarcas de la dinastía Estuardo, imbuidos de espíritu absolutista y defensores del origen teocrático del poder real; quien sostuvo una tesis de gran importancia desde el punto de vista de la supremacía judicial.

Edward Coke consideró que la Carta Magna de 1215 tenía el carácter de ley superior no solo frente al monarca, sino al Parlamento inglés, y concluyó que siendo la Carta Magna síntesis de los princi-

---

37 Ibídem. pp. 140-142

38 Ibídem. pp. 144 y 145

pios del *Common Law*, tenía como esta carácter de una ley superior que no podía ser derogada ni violada concretamente por el monarca ni por el Parlamento.

Afirmó que la autoridad que debía velar por la supremacía de la *Common Law* y de la Carta Magna debía ser la autoridad judicial; sostuvo la tesis de la supremacía judicial como medio de controlar al monarca y al Parlamento en el acatamiento del *Common Law*. Consideró que si el Parlamento dictaba una ley contraria a los principios inherentes al *Common Law*, dicha ley no debía ser aplicada por la autoridad judicial; de igual manera, si el monarca expedía un decreto o dictaba una orden que contrariasen los principios de la *Common Law*, debía igualmente ser rechazada su ejecución.[39]

La doctrina de Coke fue reformulada a comienzos del siglo XIX por el juez Marshall; las colonias británicas en América del Norte habían logrado conformar una nueva sociedad, al forjarse la doctrina de la revisión judicial. La Ley del Congreso Federal de 1789, preveía que los tribunales federales asumieran la competencia de declarar la inconstitucionalidad de aquellas leyes de los Estados cuando fuesen contrarias a la Constitución Federal. En la famosa sentencia *Marbury vs. Madison Marshall* se pone de manifiesto esa dependencia de toda norma jurídica respecto a la superior constitucional, ya que, en caso contrario, la Constitución sería un mero intento de limitar un poder que por su propia naturaleza era ilimitado.[40]

El sistema diseñado por Marshall sienta las bases del modelo de control constitucional calificado como difuso en contraprestación al modelo concentrado ideado por Hans Kelsen plasmado en la Constitución austriaca de 1920. El sistema calificado como difuso se establece sobre la base de una pluralidad de órganos, todos los integrantes del Poder Judicial están legitimados para conocer de la constitucionalidad de las leyes; la capacidad para promover la declaración de inconstitucionalidad la tienen las partes litigantes; se produce un control concreto, en el instante mismo en el que se procede a la

---

39 AZUELA RIVERA, Mariano. AMPARO. *SUPREMA CORTE DE LA JUSTICIA DE LA NACIÓN*. México. 2008. pp. 68 y 69

40 SOBERANES FERNÁNDEZ, José Luis y MARTÍNEZ MARTÍNEZ, Faustino José. Ob. Cit. p. 146

aplicación de la ley; la sentencia de inconstitucionalidad provoca la simple inaplicación de la ley al caso concreto.

En cambio, el sistema concentrado fija la labor del control constitucional en un único órgano ya sea ordinario o especial; la capacidad para promover la declaración de inconstitucionalidad se concede a un número reducido de personas, representantes de los intereses colectivos; se produce un control abstracto y genérico de la ley *erga omnes*, no de su viabilidad en un caso particular; comporta la declaración de nulidad de la ley y su expulsión del ordenamiento jurídico por la falta de adecuación a los valores y preceptos de la norma superior.

La importancia del nuevo modelo creado por Marshall no se ciñó al territorio de los Estados Unidos; ésta forma de verificación de la constitucionalidad de leyes y demás actos del poder público fueron acogidos por México, en virtud de la proximidad geográfica que harían de las fronteras una zona de intercambio de personas, mercancías e ideas tales como las plasmadas en la obra de Alexis Tocqueville, La democracia en América, en la cual señala:

> Los norteamericanos han reconocido a los jueces el derecho de fundamentar sus decisiones sobre la Constitución más bien que sobre las leyes: les han permitido inaplicar aquellas leyes que son anticonstitucionales.[41]

Lo anterior en virtud de que en el constitucionalismo europeo la Constitución aparece regida por la idea de inmutabilidad, por la idea de que no puede ser cambiada ni corregida ni enmendada. El modelo británico permite todo lo contrario: la realización de cambios sin cesar hasta el punto de identificar al Poder Legislativo como el constituyente permanente. Frente a ambos se sitúa la postura americana: su Constitución no es considerada inmutable; ni puede ser modificada por los poderes ordinarios de la nación. Es representación de la voluntad del pueblo, obliga lo mismo a los legisladores que a los ciudadanos, puede ser cambiada por la voluntad del pueblo, según la forma establecida y en los casos previstos.[42]

---

[41] Ibídem. p. 152

[42] Ibídem. p. 153

1.4 ANTECEDENTES COLONIALES

En la Nueva España el derecho colonial se integró con el derecho español propiamente dicho, en sus formas legal y consuetudinaria, y por las costumbres indígenas principalmente; sobresaliendo la legislación de Indias, caracterizada por su protección al indio contra abusos y arbitrariedades de los españoles, criollos y mestizos.[43]

Las partidas constituirían el antecedente más remoto e indirecto del juicio de amparo mexicano; los amparamientos recogidos en ellas sentaron las bases para la germinación de la defensa de los derechos, en la legislación indiana y en el derecho de la época de Independencia. Las singularidades que el nuevo mundo comportaban la creación de una normativa innovadora, implicando que el derecho castellano fuere insuficiente para cubrir las necesidades y circunstancias no previstas en la India. Lo anterior determinó la creación de un ordenamiento jurídico, inspirado en el castellano, pero erigido sobre bases diferentes, destacando aspectos como: el casuismo y profusión normativa, presente en una solución caso por caso de los conflictos planteados; la tendencia asimiladora, centralizadora, uniformadora y la tendencia moralista.[44]

Sobre la base del derecho de Castilla se fueron desarrollando especialidades procesales orientadas a la defensa de los principales derechos de los súbditos, tales como el derecho de propiedad y posesión, en virtud de la importancia económica que tenían tanto para los castellanos como los indios. La Audiencia mexicana toma del modelo romano, a su vez recogido en las Partidas, el antiguo remedio procesal "los interdictos" del derecho pretorio,[45] adoptando la forma de un juicio; convirtiéndolo inicialmente en un interdicto, y posteriormente en un juicio sumarísimo.[46]

---

43 BURGOA Ignacio. Ob. Cit. p. 84

44 SOBERANES FERNÁNDEZ, José Luis y MARTÍNEZ MARTÍNEZ Faustino José. Ob. Cit. p. 162

45 Petición que se efectuaba al pretor contestada de inmediato por el mismo, mediante una orden condicionada en la que se mandaba la restitución de la posesión de bienes o la prohibición de ciertas conductas que perturbasen aquélla, sin adoptar la forma de juicio.

46 [47]. SOBERANES FERNÁNDEZ, José Luis y MARTÍNEZ MARTÍNEZ Faustino José. Ob. Cit. pp. 163, 164 y 165.

Otra influencia contemplada en las Partidas, procedente del derecho canónico la acción de despojo, la cual nace como un remedio protector de los bienes eclesiásticos ante cualquier forma de violencia; extendiéndose a toda suerte de bienes y derechos, requiriéndose únicamente la posesión del bien, del derecho o del cargo eclesiástico.

Posteriormente, la acción de despojo se concedía contra poseedores y meros detentadores para la protección de bienes muebles e inmuebles, sin la necesidad de precisar que fueron efectuados bajo violencia. Se destaca la mayor facilidad probatoria que se da al derecho posesorio frente al de propiedad. Esta acción para la recuperación posesoria a la privación por un particular, una autoridad judicial o príncipe, tiene como efecto inmediato y esencial la restitución de los bienes para su legítimo poseedor, sin decidir sobre el núcleo de asunto, es decir, sin decidir de manera definitiva sobre la posesión y propiedad.[47]

Como se ha visto, las partidas aplican diversas soluciones jurídicas para la defensa de la posesión y propiedad, protección que se extenderá a dominios americanos, creando instituciones novedosas, tales como el interdicto de amparo, el cual posteriormente se convirtió en el juicio sumarísimo de amparo.

1.4.1 Amparo Colonial

El Interdicto de Amparo o Amparo Colonial inspirado en el modelo romano de los interdictos y el canónico del despojo nace como remedio procesal rápido y sumario, con el cual se pretendía proteger los derechos de los súbditos más importantes.[48]

El investigador Andrés Lira González, en su libro sobre los antecedentes novohispanos del juicio de amparo, define al amparo colonial o interdicto de amparo como:

> "Una institución procesal que tiene por objeto la protección de las persona en sus derechos cuando éstos son alterados o violados por agraviantes que realizan actos injustos de acuerdo con el orden jurídico existente, y conforme al cual una autoridad protectora, el virrey, conociendo

47 Ibídem. p. 169

48 Ibídem. p. 180

> directamente o indirectamente como presidente de la Real Audiencia, de la demanda del quejoso agraviado, sabe de la responsabilidad del agraviante y los daños actuales y/o futuros que se siguen para el agraviado y dicta mandamiento de amparo para protegerlo frente a la violación de sus derechos, sin determinar la titularidad de los derechos violados y sólo con el fin de protegerlos"[49]

Los elementos integrantes son los siguientes: los elementos personales o subjetivos (la autoridad protectora, quejoso o agraviado y los agraviantes o responsables, autoridades o particulares), los elementos procesales (la petición o demanda de amparo y la orden o mandamiento de amparo) y los elementos objetivos o materiales (el acto atacado y los derechos protegidos).[50]

El procedimiento se iniciaba con la petición o demanda de amparo, requisito procesal no sometido a ninguna formalidad, en cuanto a su contenido de una manera sucinta y concisa, el agraviado debía realizar una enumeración de los hechos, del derecho atacado, de su identidad y su situación, así como de la existencia del agraviante y sus actos ilícitos, referir los perjuicios y daños sufridos o en peligro de sufrir. La demanda a su vez podía contener indicaciones tales como la propuesta de remedios o soluciones para la violación, formas de reparar los daños, etc. Una vez recibida la petición, el virrey ordena lo procedente: la suspensión de los actos antijurídicos o la reparación del daño. Concluyendo así la defensa interdictal. Este mandamiento no tiene el valor de cosa juzgada, y tal decisión no juzga sobre el fondo de la cuestión.[51]

A partir del interdicto de amparo se fue desarrollando una modalidad con la diferencia en una cuestión de técnica jurídica ya que se trataba de un juicio llamado "Juicio Sumarísimo de Amparo", y no simplemente de un interdicto. Suponía la existencia de demanda y contestación, la propuesta y realización de materiales probatorios y la sentencia final de efectos restringidos.[52]

---

49 LIRA GONZÁLEZ, Andrés. *EL AMPARO COLONIAL Y EL JUICIO DE AMPARO MEXICANO*, Citado por SOBERANES FERNÁNDEZ, José Luis. Ob. Cit. p. 181

50 SOBERANES FERNÁNDEZ José Luis y MARTÍNEZ MARTÍNEZ Faustino José. Ob. Cit. p. 182

51 Ibídem. pp. 184 y 185.

52 Ibídem. p. 188

En cuanto a sus elementos, el juicio sumarísimo puede ser empleado por cualquier persona con la finalidad de ser restituida en la posesión de tierras, aguas u otras cosas. En cuanto al contenido de la demanda, en ella se deberá plantear aquello de lo que se quejan los despojados y piden, señalando los límites materiales, el objeto del que han sido desposeídos y la persona o personas que hubieran realizado las actividades perturbadoras, así como los terceros que pudieran resultar afectados. Iniciado el procedimiento se da traslado a la otra parte y comienza la fase contradictoria, existiendo una real defensa procesal que culmina con la real provisión resolutoria.[53]

1.4.2 La Constitución de Cádiz

Soberanes[54] señala que Cádiz marca el tránsito de una forma de ejercer el poder a otros novedosos y revolucionarios.

Las Cortes doceañistas fueron convocadas el 28 de octubre de 1809 por la Suprema Junta Gubernativa del Reino que a la sazón funcionaba en Sevilla. Constituida la Asamblea de las Cortes, primero en la isla de León, un poco después en Cádiz, los representantes proclamaron el principio de la soberanía nacional dando principio a la labor legislativa que transformaría a España y sus colonias.

De manera novedosa, las Cortes de Cádiz se integraron con diputados de la metrópoli y sus colonias. El total de representantes fue de 303, de los cuales, 37 eran americanos (7 del Virreinato de México, 2 de la Capitanía General de Guatemala, 1 de la Isla de Santo Domingo, 2 por Cuba, 1 por Puerto Rico, 2 de Filipinas, 5 de Virreinato de Lima, 2 de la Capitanía General de Chile, 3 por el Virreinato de Buenos Aires, 3 por Santa Fe, y 2 por la Capitanía General de Caracas). Del total de 37 diputados presidentes, 10 de ellos fueron americanos.

La Comisión nombrada para hacer el proyecto de constitución se conformó con 9 peninsulares y 5 americanos, fue presidida por don Diego Muñoz Torrero. Los diputados americanos enaltecidos por la deferencia y buen trato de las Cortes, correspondieron dignamente a los honores con que fueron obsequiados y esto se relaciona admira-

---

53 Ibídem. pp. 190 y 191

54 Ibídem. p. 194

blemente con toda la labor de la representación americana que tomó parte activa en todas las deliberaciones de la Cámara, brillando por su ilustración, su competencia y su actividad.[55]

La obra más relevante de las Cortes de Cádiz, fue la Constitución de 1812, jurada el 19 de marzo del mismo año bajo el título de Constitución Política de la Monarquía Española. El documento constitucional se divide en diez títulos y 384 artículos con las ideas liberales predominantes; en ese sentido, consigna el principio de la soberanía nacional; limita la monarquía hereditaria; reconoce al catolicismo como religión oficial; establece la división de poderes (ejecutivo, legislativo y judicial); instaura los derechos y deberes de los ciudadanos; en resumen, la Constitución presenta las bases para el establecimiento de un estado burgués.

Los legisladores gaditanos resentían una fuerte influencia de Rousseau y Montesquieu, así como de los postulados liberales emanados de la revolución francesa, particularmente en lo relativo a la Declaración de los Derechos del Hombre y del Ciudadano, y la Constitución Francesa de 1791. El tema de la nacionalidad fue ampliamente debatido. La gran novedad fue que el juicio sumarísimo y amparo se convirtió en el remedio procesal general para la defensa de la posesión, sin perjuicio de posibles acciones ejercitadas con posterioridad para dilucidar perfectamente los derechos de posesión, los derechos reales y los propiamente dominicales.[56]

La posterior proclamación de la independencia mexicana no significó el abandono de la obra gaditana, la cual siguió subsistiendo hasta que se inició el proceso codificador que concluiría con la legislación nacional de México como de los nuevos Estados americanos.[57]

De lo expuesto con anterioridad cabe manifestar que los antecedentes coloniales del interdicto y el juicio sumarísimo son medidas procesales que aseguran la defensa de la posesión más inmediata (derechos privados) y no tutela otros derechos públicos, por lo que

---

55 Citado en el texto *CONSTITUCIÓN DE CÁDIZ 1812. COLECCIÓN MEMORIA DE LA LIBERTAD.* Editorial Tlahui.

56 SOBERANES FERNÁNDEZ José Luis y MARTÍNEZ MARTÍNEZ Faustino José. Ob. Cit. p. 202

57 Ídem.

no se pueden equiparar al amparo o considerarlos antecedentes por su estrechez en cuanto a sus fines. Si bien, fueron medidas rápidas y eficaces, protectoras de los intereses económicos y jurídicos de los habitantes de América colonial, su alcance es muy restringido en el derecho privado.[58]

1.5 PRIMERAS EXPRESIONES EN MÉXICO AL JUICIO DE AMPARO

El juicio de amparo surgió del ideal de dar a México una institución eficaz para lograr la tutela del orden constitucional, para garantizar los derechos del gobernado frente a las arbitrariedades y los abusos del poder público, ideal que, en su implantación constitucional y legal, no se tradujo de manera alguna en una disimulada imitación de lo ajeno, sino que, teniendo diversas fuentes de inspiración y habiéndose sus forjadores percatado de la experiencia extranjera, se reveló en el establecimiento de un medio jurídico de preservación con modalidades originales bajo múltiples y variados aspectos, que atribuyen a esta institución un carácter nacional.

Tras la consumación de la Independencia en 1810, México comienza a caminar de manera autónoma y a gestar su propio derecho y sus propias instituciones, sin olvidar la conexión de los orígenes jurídicos externos que influyeron en su formación.[59]

La principal preocupación anexa a la de organizar políticamente al Estado, consistió en otorgar o consagrar las garantías individuales; ya que el México independiente no se conformó con la condición jurídica que guardaban los derechos del hombre en el régimen colonial, sino que quiso, siguiendo el modelo francés, plasmarlos en un cuerpo legal, al que se consideró como la Ley Suprema del país, inspirándose en el sistema norteamericano.[60]

---

58 Ídem.

59 Ibídem. p. 203.

60 AZUELA RIVERA Mariano. *INTRODUCCIÓN AL ESTUDIO DEL AMPARO.* Prólogo PALACIOS Ramón J. 2° Edición. Universidad Autónoma de Nuevo León. Monterrey Nuevo León. 1968, p. 52.

Con posterioridad al Grito de Independencia, el primer documento político constitucional en la historia del México independiente fue la Constitución de Apatzingán en octubre de 1814, la cual no tuvo vigor, en ella se plasmó un capítulo especial donde se consagraron diversas garantías a favor de los individuos; así mismo reputaba a los derechos del hombre como elementos insuperables por el poder público, que siempre debía respetarlos en toda su integridad. No obstante que la Constitución de Apatzingán contiene los derechos del hombre en algunos de sus preceptos, no expresa la forma en que se podía ejercer un medio tutelador en virtud del cual se pudieran hacer respetar tales derechos, y aunque así hubiera sido, como no estuvo vigente no podría considerarse como un antecedente del amparo.

La omisión del medio de control de las garantías individuales tal vez se haya debido a dos causas: al desconocimiento de las instituciones jurídicas semejantes y, sobre todo, a la creencia que sustentaban todos o casi todos los jurisconsultos y hombres de aquella época, en el sentido de estimar que la sola inserción de los derechos del hombre en cuerpos legales dotados de supremacía, era suficiente para provocar su respeto por parte de las autoridades.

El segundo código político mexicano, cuya vigencia se prolongó por más de 12 años, fue la Constitución Federativa de 1824, que tuvo el mérito de ser el primer ordenamiento que estructuró al México que acababa de consumar su independencia.[61]

Siendo la principal preocupación de los autores de esta Constitución organizar políticamente a México y establecer las bases del funcionamiento de los órganos gubernamentales, colocaron en un plano secundario los derechos del hombre. Si en cuanto a la declaración de las garantías individuales es deficiente, con mayor razón debemos concluir que la Constitución de 1824 tampoco consigna el medio jurídico para tutelarlas. Sin embargo, establece una facultad o atribución a la Suprema Corte de Justicia para conocer de las infracciones de la Constitución y leyes generales, según se prevenga por ley; más su utilidad práctica fue nula, pues nunca se expidió la citada ley, razón por la cual no había forma de hacer frente por parte de

---

[61] Ibídem. pp. 53 a 58

los gobernados las violaciones que se cometieran en su perjuicio en términos de lo establecido en dicha Constitución.[62]

A partir de ese precedente, las realizaciones constitucionales se encaminaron en direcciones específicas: el modelo centralista-conservador, a través del prototipo constitucional que supone el supremo poder conservador; el modelo federal-liberalista y la fórmula del juicio de amparo implantado en la Constitución de Yucatán en 1841; los cuales son llamados por el autor Soberanes[63] como antecedentes nacionales directos del juicio de amparo, en virtud de que responden a la tradición jurídica mexicana y por su inmediación con la plasmación normativa final.

1.5.1 El supremo Poder Conservador

El amanecer independiente de la nación mexicana no estuvo exento de vilezas y torpezas.[64]

Durante más de cincuenta años el antagonismo fue el elemento constante que impactó en la vida cotidiana e institucional del país. Las tensiones generadas por la polémica ideológica y la lucha por el poder jugaron un papel relevante en la conformación del sistema jurídico mexicano.

De la disyuntiva entre el seguir regidos por la Constitución de Cádiz o contar con un nuevo orden constitucional, de establecer una Monarquía o una República, enseguida, se pasó a la discusión respecto de adoptar la forma central o federal de Estado y, posteriormente, a una guerra civil entre liberales y conservadores.

En el fondo de la lucha se encontraban discrepancias de carácter ideológico, siendo la piedra angular las relaciones Iglesia-Estado y la secularización de la sociedad.[65]

---

62 Ibídem. Pág. 60

63 SOBERANES FERNÁNDEZ, José Luis y MARTÍNEZ MARTÍNEZ, Faustino José. Ob. Ci. pp. 209 y 210.

64 VALDES, José. *ORÍGENES DE LA REPÚBLICA MEXICANA*. La aurora constitucional. UNAM. México. 1994. p. 19

65 RABASA, Emilio. *LA EVOLUCIÓN HISTÓRICA DE MÉXICO.* 4° Edición. Editorial Porrúa. México. 1986. p. 51.

Posteriormente con la Constitución Centralista de 1836, denominada también Leyes Constitucionales de la República Mexicana, se instituyó un sistema de control constitucional por órgano político, reconocido como la primera institución que fungió como verdadero control de la constitucionalidad en México, el Supremo Poder Conservador.[66]

La denominación de conservador no estriba por subrayar el predominio de los conservadores sobre los liberales, sino que tal órgano era el responsable de conservar intangible el texto de las Siete Leyes Constitucionales de 1836 y las Bases que le antecedieron en 1835.[67]

El Supremo Poder Conservador, nació a imitación del senado conservador francés, cuya función era en esencia la de anular cualquier acto de los tres poderes tradicionales del Estado liberal viciados de inconstitucionalidad. Es este precedente no había conseguido arribar a buen puerto por la especial consideración que los constituyentes franceses defendieron respecto al dogma de separación de poderes.[68]

El Supremo Poder Conservador estuvo integrado por 5 miembros, uno de los cuales era renovable cada dos años por sorteo del Senado. Su nombramiento se produjo por sistema electoral, cabía la reelección con la facultad del sujeto para aceptar o no la continuidad. Se preveía la aparición de tres suplentes residentes en la capital.[69]

Los individuos del Supremo Poder Conservador prestaban juramento ante el Congreso general, reunidas las dos Cámaras, bajo la fórmula siguiente: "Jurais guardar y hacer guardar la Constitución de la República sosteniendo el equilibrio constitucional entre los Poderes sociales, manteniendo o restableciendo el orden constitucional en los casos en que fuere turbado, valiéndose para ello del poder y medios que la Constitución pone en vuestras manos?". (Artículo

---

66 BARRAGAN BARRAGÁN, José. *ALGUNOS DOCUMENTOS PARA EL ESTUDIO DEL ORIGEN DEL JUICIO DE AMPARO 1812-1861.* Universidad Autónoma de México. México. 1987. p. 115.

67 Ibídem. p. 120

68 SOBERANES FERNÁNDEZ, José Luis y MARTÍNEZ MARTÍNEZ, Faustino José. Ob. Cit. p. 213

69 Ibídem. p. 214

9 Ley segunda.) Se fija una remuneración anual de 6000 pesos y el tratamiento de excelencia.

Para ser integrantes del órgano en comento era menester:

1. Ser mexicano por nacimiento y estar en actual ejercicio de los derechos de ciudadano.
2. Tener el día de la elección 40 años cumplidos de edad y un capital, físico o moral que le produjera por lo menos 3000 pesos de renta anual.
3. Haber desempeñado alguno de los cargos siguientes: presidente o vicepresidente de la República, senador, diputado, secretario del Despacho, magistrado de la Suprema Corte de Justicia.[70]

Dentro de sus facultades se encontraban las siguientes: guardar y hacer guardar la constitución; sostener el equilibrio constitucional entre los poderes públicos y mantener o restablecer el orden constitucional cuando fuere turbado. Declarar la nulidad de los actos del legislativo, ejecutivo o judicial por ser contrarios a la Constitución, exigiendo la iniciativa de los otros dos poderes según el caso particular.[71]

Para cualquier resolución del Supremo Poder Conservador era indispensable la absoluta conformidad de tres de sus miembros. Toda declaración y disposición emitida por dicho poder debía ser obedecida al momento y sin réplica por todas las personas a quien fue dirigida y correspondiera la ejecución. La formal desobediencia se consideraba crimen de alta traición (Artículo 15).[72]

De esta institución el autor Soberanes[73] señala que la actuación de Supremo Poder Conservador, no se producía de oficio, sino que era precisa la instancia de alguno de los otros poderes de la República. Es de destacarse la absoluta ausencia de medios para exigir responsabilidad oficial alguna a los miembros de Supremo Poder, por cuanto que de sus actuaciones no se seguía ninguna posibilidad de castigarlos. Erigiéndose como poder revisor de la constitucionalidad,

---

70 Ibídem. p. 215
71 Ibídem. p. 216
72 Ibídem. p. 218.
73 Ídem.

colocado por encima de los poderes del Estado, así como del propio texto constitucional.

Algunos autores como José Fernando Ramírez señalan:

> "se trata de un poder monstruoso y exótico en un sistema representativo popular con funcionarios sin responsabilidad alguna y que por tener tantos privilegios ese poder puede dar motivo a que se pongan en contradicción la voluntad presunta de la Nación con la verdadera y realmente manifestada.[74]

Por su parte, el tratadista Silvestre Moreno Cora dice:

> "se trata de un cuarto poder, conservador de la Constitución y de las leyes y que al facultarlo para declarar la nulidad de una ley o decreto, cuando fuera contrario a un artículo expresado de la Constitución y para declarara igualmente la nulidad de actos del Ejecutivo y Judicial, los autores de la Segunda de las leyes constitucionales de 1836 hicieron cuanto era posible hacer en aquella época en bien de las libertades públicas y merecen nuestra gratitud".[75]

El doctor Felipe Tena Ramírez opina que: "La constitución de las Siete leyes de 1836 tuvo el merito de poner de relieve la importancia del control de la Constitución y de este modo sirvió de estimulo para que otros corrigieran y mejoraran el sistema que proponía.[76]

Ante la evidencia del fracaso del Supremo Poder Conservador, por el exagerado cúmulo de atribuciones que se le otorgó y por no ser un medio de control utilizable directamente por el pueblo, los juristas y políticos de aquella época, pensaron en un órgano judicial como protector de la Constitución, las leyes y los derechos del hombre, a lo que contribuyó primordialmente Alexis de Tocqueville con su obra "La democracia en América."[77]

1.5.2 La Constitución de Yucatán de 1841

A pesar de que ya se logra visualizar una tendencia jurídica a crear un medio protector del régimen constitucional en México, aquél no

---

74 . PADILLA José R. Ob. Cit. p. 62
75 Ídem.
76 Ídem.
77 Ibídem. p. 63

adoptó aún la forma clara y sistemática con que ya se le revistió en la Constitución yucateca de 1840, cuyo autor principal, Manuel Crescencio Rejón plasmó por primera vez, durante el México independiente, las bases generales de lo que hoy conocemos como Juicio de Amparo.[78]

El amparo yucateco venía a conjugar una doble exigencia fuertemente sentida en el pensamiento jurídico mexicano de comienzos del siglo XIX por parte de los llamados publicistas. Recogía la tradición protectora de los particulares, sus derechos y libertades, que hundía sus raíces más remotas en el derecho colonial novohispano. Por otro lado, era preciso un instrumento procesal efectivo, moderno y maduro, mediante el que se garantizara la efectividad de los derechos plasmados en la Constitución y no se convirtiera a las mismas en una simple hoja de papel.[79]

Así mismo, este ilustre maestro estimó que era necesario e indispensable incluir varios aspectos que establecieran las garantías individuales a favor de la población, consignando por primera vez en México la libertad religiosa y reglamentando los derechos y prerrogativas que el aprehendido debe tener; mas lo que verdaderamente constituyó un progreso en el derecho público mexicano, fue la creación del medio controlador o conservador del régimen constitucional o amparo, como él mismo lo llamó, ejercido o desempeñado por el Poder Judicial, con la ventaja de que dicho control se hacía extensivo a todo acto inconstitucional.[80]

El amparo propuesto por Rejón se dividió en tres categorías perfectamente delimitadas para hacer frente a los posibles abusos o desviaciones de los poderes constitucionales tradicionales:[81]

a) Amparo contra los actos legislativos, estimados inconstitucionales.

b) Amparo contra los actos del ejecutivo, igualmente estimados inconstitucionales o ilegales.

---

[78] BURGOA Ignacio. Ob. Cit. p. 102

[79] SOBERANES FERNÁNDEZ, José Luis y MARTÍNEZ MARTÍNEZ, Faustino José. Ob. Cit. p. 221.

[80] Ibídem. p. 222

[81] Ibídem. p. 231

c) Amparo contra los actos de cualquier otra autoridad, con la sola excepción de los judiciales, cuando violen las garantías individuales.

El amparo aparece como un juicio constitucional propiamente dicho, no como un recurso subsidiario en el seno de un proceso dependiente de otros juicios. En este punto los constituyentes yucatecos fueron más generosos en su amplitud que la Constitución de EEUU de 1776 y la mexicana de 1857, pues no limitaron el amparo, como la primera, al goce de la libertad individual, ni como la segunda, al de las garantías individuales o usurpación de atribuciones entre el Estado y la Federación; su mira fue más extensa, en cuanto que concedía el derecho de amparo contra todo acto inconstitucional.[82]

Rejón recibió influencia de Alexis de Tocqueville con su libro "La Democracia en América", pues fue definitivo para el establecimiento en México del Amparo.[83]

La institución protectora implantada por Rejón, controlaba las leyes o decretos del Poder Legislativo, la legalidad de los actos del Poder Ejecutivo, la legalidad de los actos del Poder Judicial; controlándolos a través de la protección de las garantías individuales[84]

1.5.3 Proyectos constitucionales de 1842

Continuando con nuestro análisis, en 1842 se formó una Comisión integrada por siete personas; destacaba la presencia mayoritaria de liberales moderados, pero copada por conservadores, que lograron imponer sus puntos de vista, en el propósito de elaborar un proyecto de reformas a la Constitución de 1836. En esta Comisión figuró el jurista jalisciense Mariano Otero quien junto con dos *jurisconsultos* llamados Espinoza de los Moteros y Muñoz Ledo, no estuvieron de acuerdo con el parecer de las personas restantes de la Comisión, y constituyeron una minoría que propugnaban por la forma de gobierno federalista y no la centralista.[85]

---

82 Ibídem. p. 235

83 PADILLA José R. Ob. Cit. p. 65

84 BURGOA Ignacio. Ob. Cit. p. 106

85 SOBERANES FERNÁNDEZ, José Luis y MARTÍNEZ MARTÍNEZ, Faustino José. Ob. Cit. p. 244

Los proyectos de reforma salieron a la luz a lo largo de 1842 y fueron una muestra de la división existente en el seno de las superiores instancias políticas. Esta divergencia provocó que cada grupo formulara su propio proyecto, los cuales apenas mostraban diferencias relevantes, más que en lo referido a la forma del Estado. Coincidían ambos proyectos en la forma de gobierno como república popular representativa, centrando la discusión en adjetivarla como federal o centralista unitaria.[86]

Un primer proyecto, llamado de la mayoría, encabezado por José Fernando Ramírez y otros tres diputados, no se pronunció acerca de la forma de gobierno, detectándose una tendencia centralista. Integrado por 82 artículos en nueve títulos, regulaba la materia constitucional, sin hacer mención a sistema alguno de control de la misma, consagrando un modelo de protección muy inferior en cuanto a garantías específicas.[87]

El segundo proyecto, denominado de la minoría, presentó caracteres más avanzados ya que se pronunciaba por el sistema federalista, en la sección segunda del proyecto se estableció la creación de una especie de control mixto, jurisdiccional y político, tanto de los derechos individuales como del régimen constitucional, el cual daba competencia a la Suprema Corte para conocer de los reclamos intentados por los particulares contra actos de los poderes Ejecutivo y Legislativo de los Estados violatorios de las Garantías Individuales, además de prever la suspensión del acto impugnado.

Se plasmó por primera vez la forma de protección de las garantías individuales o particulares. Cualquier persona afectada por actos legislativos o ejecutivos contrarios a los derechos y garantías recogidos en el texto constitucional, podía presentar un reclamo ante la Suprema Corte de Justicia. Se alude a este mecanismo como recurso, no como procedimiento autónomo, a diferencia del precedente yucateco. El acto no tiene que ser inmediatamente ejecutado: podrá ser suspendido, a juicio de los tribunales superiores respectivos. Se fijaba en un periodo único de quince días a contar desde la publicación de

---

86 Ídem.
87 Ibídem. p. 245

la ley o de la orden, y se establecía como fuero particular y específico el de la localidad donde residiera el ofendido.[88]

El sistema de Otero, el cual constaba de 84 artículos en diez títulos, además de engendrar las desventajas que un régimen de control por órgano político era muy inferior al de Rejón; sin embargo, el gran mérito de Otero consistió en que fue el autor de la fórmula jurídica de la sentencia de un juicio de amparo que dice:" La sentencia será siempre tal, que sólo se ocupe de los individuos particulares, limitándose a ampararlos y protegerlos en el caso especial sobre el que verse la queja, sin hacer una declaración general respecto de la ley o acto que la motivare".[89]

Un tercer proyecto constitucional de corte centralista recogía en su articulado el conjunto de aportaciones más notables que surgieron de las propuestas anteriores, llegando a una armonía y equilibrio. En este proyecto de transacción se consagró a favor de la Cámara de Diputados la facultad de declarar la nulidad de los actos de la Suprema Corte de Justicia y de sus salas, referentes a la invasión de atribuciones de los otros poderes constitucionales, de las competencias de los restantes tribunales departamentales o de otras autoridades.

El Senado fue habilitado para anular las decisiones del Poder Ejecutivo contrarias al texto constitucional federal, a la particular de los departamentos o a las leyes de tipo general. Finalmente, la Suprema Corte, así como los funcionarios públicos, estaban obligados a suspender la ejecución de las órdenes que se les encomendaren.[90]

Posteriormente, aparecen las Bases Constitucionales de la Organización Política de la República Mexicana en 1843, las cuales representaron un momento intermedio en la evolución del pensamiento conservador y en el desarrollo de sus postulados. En ellas se le dio mayor fuerza al Poder Ejecutivo, se ratificó la división territorial en departamentos sujetos al poder central, se plasmó la intolerancia religiosa, entre otras cosas, consiguiéndose un amplio catálogo de

---

88 Ibídem. pp. 246 y 247

89 BURGOA, Ignacio. Ob. Cit. p. 107

90 SOBERANES FERNÁNDEZ, José Luis y MARTÍNEZ MARTÍNEZ, Faustino José. Ob. Cit. p. 253

garantías individuales, pero olvidando crear un instrumento para su defensa y la de la Constitución.[91]

1.5.4 Actas de reformas de 1847

Años después, los perfiles esenciales de las ideas de Rejón y de Otero fueron acogidos por el Congreso Nacional extraordinario, quien expidió el acta de reforma de 1847; en dicho Congreso figuraron Rejón y Otero, ambos tuvieron una intervención importantísima para la historia de Derecho Constitucional mexicano. No obstante, este histórico acontecimiento, debido a la inestabilidad social y política que vivía la República en aquellos años, el Juicio de Garantías no pudo desenvolverse de acuerdo con los ideales que motivaron su creación.[92]

El 18 de mayo de 1847 se promulgó el Acta de Reforma que vino a restaurar la vigencia de la Constitución Federal de 1824. Su expedición tuvo como origen el Plan de la Ciudadela, del 4 de agosto de 1846, en el que se desconoció el régimen central dentro del que se había teóricamente organizado al país desde 1836, propugnando el restablecimiento del sistema federal y la formación de un nuevo Congreso Constituyente, el cual quedó instalado el 6 de diciembre del mismo año. El artículo 5 de esa Acta de Reforma, esbozó la idea de crear un medio de control constitucional a través de un sistema jurídico que hiciera efectivas las garantías individuales al disponer que "para asegurar los derechos del hombre que la Constitución reconoce, una ley fijará las garantías de libertad, seguridad, propiedad e igualdad de que gozan todos los habitantes de la República, y establecerá los medios para hacerlas efectivas".

Por su parte, el artículo 25 del expresado ordenamiento cristalizó las ideas de Mariano Otero respecto al amparo, otorgando competencia a los tribunales de la Federación para proteger a los habitantes de la República en el ejercicio y conservación de los derechos que les otorgaba la Constitución contra todo ataque de los poderes Legislativo y Ejecutivo de la Federación o de los estados federados, limitán-

---

91 Ibídem. p. 257

92 Ibídem. p. 260 y 261

dose los tribunales a impartir su protección en el caso particular, sin hacer ninguna declaración general respecto de la ley o acto que lo motivó. Las ideas de Mariano Otero fueron acogidas en el acta de las reformas de la Constitución de 1847, que contiene entre otros su célebre "voto particular del 5 de abril de 1847".[93]

1.5.5 La Constitución Federal de 1857

Es hasta la Constitución de 1857, emanada del Plan de Ayutla, en la que el Amparo se convierte en una institución nacional defensora de la pureza constitucional y de los derechos del hombre por el órgano jurisdiccional. A través de la acción de amparo, ejercitada por los particulares, se otorga por los Tribunales Federales la protección contra las leyes o actos de cualquier autoridad y las sentencias relativas al caso especial.[94]

El Congreso Constituyente, se había convocado para el 16 de septiembre de 1856, siendo presidente Juan Álvarez, para celebrarse en la localidad de Dolores Hidalgo, como tributo a la sublevación con la que se inició la Independencia; posteriormente se creó la Constitución de 1857 en la cual incluyó los principios esenciales del juicio de amparo. Esta Constitución consagró los derechos no solamente en forma declarativa, sino brindando un medio jurídico para su protección; instituyó el Juicio de Amparo desapareciendo el sistema de control por órgano político que estableció el Acta de Reforma de 1847.

La Comisión del Congreso Constituyente que la elaboró, y de la que formó parte Ponciano Arriaga, enfocó una severa crítica contra el régimen político de tutela constitucional y pugnó porque fuera la autoridad jurídica la que proveyera la protección de la Constitución, en los casos concretos que se denunciara por cualquier particular alguna violación a sus mandamientos mediante la instauración de un verdadero juicio en que los fallos no tuvieran efectos declarativos generales, sino que fuesen relativos al caso particular planteado. Los

---

93 PADILLA, José R. Ob. Cit. pp. 70 y 71

94 Ibídem. p. 77

aspectos básicos del juicio de amparo quedaban fijados de la siguiente manera:[95]

1. La autoridad competente: serían siempre los tribunales de la federación, con exclusión de cualquier otro de nivel estatal.
2. Los actos impugnables: se agrupan en tres categorías. Los primeros aluden a la defensa de los derechos y libertades esenciales contemplados en el articulado constitucional. Los segundos a la tutela del reparto competencial entre la Federación y los terceros.
3. La legitimación activa: no puede iniciarse de oficio ni a instancia de autoridades, sino solamente por medio de petición de parte. Su resolución sigue la forma de un juicio, con lo que no se puede considerar como un mero recurso, sino una acción que genera un auténtico procedimiento especial de tipo constitucional.
4. Efectos: concluye mediante sentencia, la cual, produce efectos particulares relativos, no habrá nunca un pronunciamiento general.

1.6 PRIMERAS LEYES DE AMPARO

A partir de la Constitución de 1857 advertimos un notable desarrollo del juicio de amparo que, a pesar de haber nacido exclusivamente como un instrumento procesal para la tutela de las garantías individuales, se amplió de forma paulatina, perfeccionándose en diversos ordenamientos reglamentarios que se expidieron como las Leyes de Amparo de 1861, 1869 y 1882; incorporándose posteriormente en los códigos de procedimientos civiles federales de 1897 y 1908, ordenamientos que recogieron las enseñanzas de la jurisprudencia de la Suprema Corte de Justicia, que transformó este medio de impugnación, de un instrumento sin contornos precisos, a un verdadero proceso contra las autoridades infractoras, tutelando preferentemente la vida y la libertad de los gobernados, utilizado con frecuencia para arran-

---

95 SOBERANES FERNÁNDEZ, José Luis y MARTÍNEZ MARTÍNEZ, Faustino José. Ob. Cit. pp. 286 y 287

car de los pelotones de fusilamiento a los condenados a muerte por delitos políticos o bien evitando el servicio forzado de las armas o las detenciones indebidas, lo que le dio el prestigio popular que hoy en día conserva.[96]

Fijadas las coordenadas básicas del juicio de amparo, en cuanto a su naturaleza, efectos y causas que lo podían motivar, era preciso dar cumplimiento al mandato legislativo y desarrollar a través de la Ley lo preceptuado por la Constitución, con la finalidad de fijar los elementos secundarios de corte procedimental, naciendo así la primera Ley de Amparo de 1861,[97] de la cual se efectuará un análisis en líneas posteriores.

1.6.1 Ley de Amparo de 1861

Tal y como lo señala Soberanes[98] la primera Ley de Amparo de la historia mexicana es fruto del proyecto legislativo presentado por el diputado Manuel Dublán, sin embargo, hubo propuestas anteriores como la del diputado Domingo María Pérez Fernández.

- Proyecto de Domingo María Pérez Fernández

Este proyecto que fue presentado en noviembre de 1857 determinaba los procedimientos que debían seguirse en las controversias citadas en el artículo 101 de la Constitución. Dicho proyecto constaba de 23 artículos, dentro de los cuales se refería a la competencia, sujetos, objeto, procedimientos y a los efectos.[99]

En cuanto a la competencia la distribuye entre la Suprema Corte de Justicia, los Tribunales de Circuito y Jueces de Distrito. Sobre los sujetos el proyecto menciona al quejoso o agraviado, junto a esta figura también menciona al fiscal quien toma una posición fundamental para apreciar los hechos y las pruebas y pedir lo conveniente (Artículo 3° del Proyecto). Por otra parte, hacía alusión a la responsabilidad de la autoridad culpable, se admite abogado o representante

---

96 FIX-ZAMUDIO, Héctor. Ob. Cit. p. 27.

97 SOBERANES FERNÁNDEZ, José Luis y MARTÍNEZ MARTÍNEZ, Faustino José. Ob. Cit. p. 289

98 Ídem.

99 BARRAGAN BARRAGÁN, José. *PRIMERA LEY DE AMPARO DE 1861.* Universidad Nacional Autónoma de México. México. 1987. p. 27

de la parte agraviada, así como de parte del Congreso o legislatura que haya emitido la ley en cuestión.

De igual manera, se enumeran los actos o leyes susceptibles de impugnación a través de lo que llamó juicio de amparo, señalando: Las leyes o actos del congreso general, que den lugar al juicio; las leyes o actos de las legislaturas; las disposiciones del presidente, gobernadores y generales con ejército o brigada a su cargo; actos de cualesquiera otras autoridades.

Estos supuestos dan lugar al juicio de amparo cuando vulneran las garantías individuales o causan agravios a las personas. En lo que respecta al procedimiento se establecen dos instancias, imperando los principios de la máxima celeridad y economía procesal, el que se impone ante la Suprema Corte, el cual causa ejecutoria, abriendo la posibilidad de que el quejoso cuando le sea rechazado el recurso pueda presentar nuevo escrito dentro de 4 meses, acompañando los nuevos documentos que probarían la existencia del acto y los fundamentos de su demanda. Pero si la Corte reproduce el mismo decreto no se podrá interponer por tercera vez el amparo, quedando al quejoso el recurso de responsabilidad contra la Corte.

Cuando el recurso se interpone ante los jueces de distrito, cabía la apelación ante los tribunales de circuito, y en su caso el juicio de responsabilidad. El juicio se inicia mediante un escrito que presenta el quejoso ante los tribunales competentes; este se turna al fiscal, quien dará cuenta al pleno sobre su pedimento, se señala día para la vista, y se resuelve.[100]

De lo anterior podemos manifestar que esta figura del recurso de amparo que fue diseñada por Pérez Fernández, contiene líneas clásicas, con sus aciertos y sus puntos de controversia.

• Proyecto de Manuel Dublán

Después del intento de Pérez Fernández, el segundo proyecto de la ley reglamentaria de los artículos 101 y 102 de la Constitución de 1857, fue presentado en 1861 por el diputado Manuel Dublán, el cual consta de 32 artículos divididos en cuatro partes o secciones: la primera sección se ocupa de los supuestos en que se rebaten las leyes

---

[100] Ibídem. pp. 28 a 34

o actos de la Unión para defender algún derecho; la segunda cuando se vulnere o invada la soberanía de los Estados; la tercera cuando se vulnere o invada la esfera soberana de la federación; y la cuarta recoge principios generales, relativos a la naturaleza de la sentencia, sobre la publicidad en periódicos de dicha sentencia, la supremacía de la Constitución y el beneficio de pobreza.

La modalidad que introduce, consiste en que, en todos los juicios de esta materia, la justicia se limita a amparar al particular en aquel preciso punto en que hubieren sido lesionadas sus garantías o versare su queja, suspendiendo la aplicación de la ley o acto de que se tratara respecto de dicho asunto. Se resalta la necesidad de expedir las leyes orgánicas necesarias para desarrollar algún precepto de la Constitución, sin las cuales resulta imperfecta y llena de obstáculos la práctica de las instituciones por las que se rige al país.

En este proyecto contempla únicamente la protección del particular por la vía jurisdiccional, los supuestos de impugnación se refieren a la violación o lesión de los derechos particulares. En cuanto a la competencia era exclusiva de tribunales federales; sobre la materia no habla más que de leyes, sin incluir el término "actos". En este proyecto se pone en marcha el aparato protector a través de la presentación del escrito de queja, solicitando amparo y protección, el cual debía presentarse por escrito, expresando la ley o acto de que procede la obligación que se considera injusta, las razones en las que fundamenta la incompetencia y el artículo constitucional o ley orgánica que favorezcan su pretensión (Articulo 20 del proyecto).

Una vez presentado el escrito se da traslado al promotor fiscal y con su audiencia declarará si debe o no abrirse el juicio, gozando de la libertad en la apreciación del escrito de la motivación aducida para solicitar el amparo; puede declarar que se niegue o sea acogida la queja para proteger al particular y consignar a la autoridad responsable admitiendo apelación y súplica contra la resolución del juez. El fallo final del juez de distrito es apelable ante el propio tribunal de circuito y será ejecutado sin perjuicio del recurso interpuesto. Contra la resolución de este recurso cabe la súplica ante la Corte y contra la resolución de la Corte se admite el recurso de responsabilidad. En cuanto a los efectos señala que la sentencia procurará amparar y proteger al agraviado, pero también consignará a la autoridad responsable.[101]

Pese a los esfuerzos del Ejecutivo como del Congreso por reglamentar el artículo 101 de la Constitución de 1857, fue hasta noviembre de 1861 cuando Benito Juárez promulgó la Ley correspondiente, la cual no tenía expresamente el nombre de Ley de Amparo, sin embargo, al igual que los proyectos estudiados con antelación, trae toda la terminología característica de esta institución.[102]

Esta Ley de Amparo consta de 34 artículos, divididos al igual que el proyecto de Dublán en cuatro secciones. La sección primera se ocupó de reglamentar el recurso de amparo y protección por violación de garantías; la segunda señalaba el supuesto de procedencia contra leyes o actos de la autoridad federal que vulneren o restrinjan la soberanía de los Estados, la tercera se refería al amparo contra actos o leyes de las autoridades estatales que invadan la esfera soberana federal; y la cuarta, sobre la sentencia, su publicidad, la supremacía de la Constitución y el beneficio de pobreza, haciendo referencia que las sentencias solo favorecerán a los que hayan litigado, así como que las mismas sean publicadas en los periódicos.[103]

Por último, tal y como lo señala el autor José Ramón Padilla, "esta ley tuvo la virtud de hacer precedente el amparo contra cualquier acto de autoridad violatorio de las garantías individuales contenidas en la Constitución y demás leyes. Eso indica que el legislador de 1861 interpretó íntegramente el artículo 101 de la Carta Magna al establecer la procedencia del amparo contra los tres poderes y por violaciones a la constitucionalidad y legalidad".[104]

1.6.2 Ley de Amparo de 1869

La primer Ley de Amparo había admitido en su artículo 3° la posibilidad de impugnar por esta vía decisiones judiciales, sin embargo, tal hecho no fue del todo claro y preciso, lo cual originó abusos, con-

---

101 Ibídem. pp. 35 a 42

102 Ibídem. p. 66

103 Ibídem. pp. 72 a 79.

104 PADILLA, José R. Ob. Cit. p. 84

dicionando el fracaso de la ley de 1861, considerando el legislador decretar la redimensión del amparo en negocios judiciales, con la elaboración de la que fuere la segunda Ley de Amparo en 1868, la cual condensaba los abusos cometidos por la ambigüedad y permisividad de la normativa anterior, traducida en un recurso continuado al amparo judicial.[105]

Dicha ley fue aprobada el 19 de enero de 1869, compuesta por 31 artículos agrupados en cinco capítulos. Se trataba como lo dice Soberanes[106] de una Ley de mayor rigor, con una superior técnica legislativa. Las clases de amparo son las mismas, igualmente consagra al amparo como medida federal, el juicio habrá de iniciarse a petición de parte; se vuelve a regir bajo la idea de celeridad y rapidez. Iniciado el procedimiento el juez pedirá a la autoridad autora del acto que elabore un informe justificado; se da traslado al promotor fiscal quien debe tomar una decisión en un plazo de tres días. Una vez concluida la fase probatoria, se pasa a alegatos y se dicta sentencia, la cual debe ser revisada por la Suprema Corte de Justicia, cuya decisión no es susceptible de recurso.

Las novedades que encontramos en esta Ley, fue la regulación de la suspensión del acto o de la ley impugnada, ésta puede ser de parte o de oficio; la aparición de la fase probatoria queda al arbitrio del juez, si creyere conveniente, se obliga al funcionario, oficial o autoridad para proporcionar a las partes afectadas toda clase de testimonios, constancias y demás documentación que tuviere en su poder. En cuanto a la ejecución de sentencia, una vez dictada se remite al juez de distrito para que la ejecute, dando cuenta a la parte quejosa y a la autoridad y en caso de que ésta no cumpla se dará traslado a su superior jerárquico, pudiendo llegar al procesamiento de la autoridad responsable.[107]

Un aspecto de relevancia en esta ley es como lo señala José Ramón Padilla[108] el artículo 8 que contenía la improcedencia del amparo en materia judicial; lo cual motivó a una serie de opiniones hasta que el

---

105 SOBERANES FERNÁNDEZ, José Luis y MARTÍNEZ MARTÍNEZ, Faustino José. Ob. Cit. p. 299

106 Ibídem. p. 301

107 Ibídem. p. 302 a 305

108 PADILLA, José Ramón. Ob. Cit. p. 85

mismo fue declarado inconstitucional por la Corte ya que consideró que vulneraba el artículo 101 de la propia Constitución.

De lo anterior nos permitimos concluir diciendo que esta nueva Ley de Amparo contenía un desarrollo y una regulación más amplia de dicha institución que su predecesora.

1.6.3 Ley de Amparo de 1882

En virtud de que la segunda Ley de Amparo de 1869, contaba con omisiones en la tramitación del amparo, fue necesario que la Suprema Corte de Justicia, estableciera principios esenciales para complementar las disposiciones legislativas, sobre todo, en el campo del amparo contra resoluciones judiciales, por lo cual fue conveniente la creación de un nuevo ordenamiento. El 14 de diciembre de 1882 fue expedida una tercera Ley de Amparo, cuyo contenido constaba de 83 artículos divididos en 10 capítulos.[109]

Entre las novedades de dicha Ley encontramos que fijó con mayor precisión el procedimiento de amparo en las dos instancias: primero ante jueces de distrito y segundo a través de la revisión ante la Suprema Corte en Pleno. Se autorizó a los jueces letrados de los Estados, en los lugares en los cuales no residiera un juez de distrito, para recibir la demanda de amparo, suspender el acto reclamado e incluso continuar el procedimiento hasta ponerlo en estado de sentencia bajo la dirección del juez federal. En casos urgentes estableció que la petición de amparo y suspensión podría hacerse por telégrafo si existiese inconveniente con la justicia social. Otro principio esencial fue el relativo a la admisión del juicio de amparo respecto de resoluciones que en asuntos ordinarios federales pronunciarán los jueces de distrito y los magistrados de circuito, prohibiéndose su interposición contra las decisiones pronunciadas en otros juicios de amparo y en general contra los actos de la Suprema Corte de Justicia.[110]

---

109 FIX-ZAMUDIO, Héctor. Ob. Cit. p. 430

110 Ibídem. p. 431

En cuanto al procedimiento en esta Ley, Soberanes[111] señala que, en la demanda de amparo, debía indicar en caso de que se haya violentado una garantía, el hecho que motivaba la demanda y la garantía vulnerada; en caso de tratarse del amparo por razón de la competencia, se debía indicar la facultad de Estado infringida por la nación o viceversa. El juez dará traslado de la demanda a la autoridad y le solicitará un informe justificado en un plazo de tres días; se requería también el informe del promotor fiscal. Con estos documentos procesales se podía dictar la sentencia, salvo que el juez por su iniciativa o por instancia de parte, decidiera abrir un periodo probatorio que no excediera de ocho días. Esta fase probatoria era pública y no había restricciones en cuanto a la forma de defensa, salvo en testigos que no podía exceder de cinco sobre el mismo hecho.

Terminada la fase probatoria se concedía un plazo de seis días para que las partes examinaran los autos y formularán sus alegatos; posteriormente se dictaba la sentencia misma que se pronunciaba acerca de la concesión o denegación de amparo, sin hacer referencia a cuestiones de daños y perjuicios ni a costas procesales, a diferencia de la ley anterior.

1.7 REGULACIÓN DEL AMPARO EN 1897 Y 1908

Con la intención de formar un cuerpo legal unificado, el Código de Procedimientos Federales de 1897 incluyó la regulación del Amparo.[112] Este ordenamiento tenía una estructura análoga a laLey de 1882, innovando en la declaración del amparo como un auténtico juicio, se incluyó la figura del tercero perjudicado sumándose a las partes procesales usuales (quejoso y promotor fiscal), personas que podían resultar afectadas por la resolución. En el supuesto de la suspensión la considera como un incidente procesal; se seguía el principio de suplencia de la queja, en el cual la Suprema Corte o los

111 SOBERANES FERNÁNDEZ, José Luis y MARTÍNEZ MARTÍNEZ, Faustino José. Ob. Cit. pp. 349 a 352

112 BURGOA, Ignacio. Ob. Cit. p. 127

jueces de distrito procedían a subsanar los defectos de la petición del quejoso.[113]

En este Código se recoge la experiencia de la Corte en el conocimiento de los juicios de amparo contra resoluciones en materia civil cuando no se hubieren aplicado exactamente las disposiciones legales ordinarias; fijó un plazo de 20 días para promover la demanda contra resoluciones judiciales del orden civil y quince en los demás casos a partir de la notificación; así mismo, se establecieron reglas especiales para los ausentes del lugar en que se hubiere dictado la resolución.

Fue así que durante su vigencia se multiplicaron los juicios de amparo contra resoluciones judiciales especialmente las de carácter civil, debido a que dicho ordenamiento establecía la posibilidad de impugnar no solo las sentencias definitivas sino violaciones al procedimiento, de manera en que en un mismo proceso se promovían varios juicios de amparo.[114]

Posteriormente la materia del amparo fue regida por el Código Federal de Procedimiento Civiles promulgado bajo la presidencia de Porfirio Díaz, el 26 de diciembre de 1908. Este Código contaba con 135 artículos relativos al amparo en los cuales se destacan dos novedades en cuanto a las partes: 1. La autoridad responsable se considera como parte del juicio, rediseñando la figura del tercero perjudicado y, 2. El Ministerio Público reemplaza al promotor fiscal. Considera el amparo como última instancia, solo se admitiría contra sentencias definitivas y una vez que se hubiesen agotado todos los recursos ordinarios, lo que hoy conocemos como principio de definitividad.[115]

En este Código se hablaba de los requisitos que debía reunir la demanda de amparo, la cual debía fijar el acto concreto y claramente, designando la autoridad que lo ejecute o trate de ejecutar; fijar la garantía constitucional violada; si se trata de inexacta aplicación de la ley, deberá citarse la ley. Finalmente, en estos litigios no era proce-

---

113 SOBERANES FERNÁNDEZ, José Luis y MARTÍNEZ MARTÍNEZ, Faustino José. Ob. Cit. pp. 357 a 361

114 FIX-ZAMUDIO, Héctor. Ob. Cit. p. 27.

115 SOBERANES FERNÁNDEZ, José Luis y MARTÍNEZ MARTÍNEZ, Faustino José. Ob. Cit. p. 363

dente el principio de suplencia de la queja, surgiendo nuevamente la figura de estricto derecho. En cuanto a la suspensión, esta normativa permitía diferenciar entre la de oficio y la de instancia de parte, al mismo tiempo que admitía la provisional. Por último, se fija un plazo genérico de quince días para interponer el amparo, plazo que aún persiste en la actualidad.[116]

---

116 Ibídem. pp. 365 y 366.

II. EL AMPARO EN EL CONSTITUCIONALISMO MEXICANO

2.1 PREÁMBULO

La evolución del constitucionalismo mexicano puede caracterizarse por una serie de líneas coherentes y progresivas que se han venido dando desde los orígenes de México como nación independiente, la cual decidió organizarse políticamente bajo el esquema del Estado constitucional, es decir, por la estructura y funcionamiento del poder político de acuerdo y con sujeción al derecho, con supeditación a una norma superior y fundamental que era una Constitución escrita. El constitucionalismo moderno nace ligado a las ideas liberales de la democracia y de la limitación del poder político por el derecho para proteger la libertad de los hombres, surgiendo como una reacción al Estado absolutista, que fue la primera manifestación del Estado moderno alrededor del siglo XV, cuando se consolidan los primeros Estados nacionales en Europa Occidental: Francia, España, Inglaterra, entre otros.

Los Estados nacionales absolutistas sufrieron una forma de organización política, que constituyó una reacción frente a los poderes externos dominantes y frente a los poderes feudales externos que disputaban el poder político a los reyes, que con frecuencia invocaron el principio del derecho divino como fuente de su amistad.

La quiebra del poder absolutista de los Estados europeos tuvo dos vertientes principales y casi simultáneas, la independencia de las colonias inglesas en la costa oriental de Norteamérica y la Revolución francesa. El constitucionalismo moderno, de corte democrático y liberal, se apoyó en dos ideas fundamentales: la soberanía popular y la limitación del poder público por los derechos individuales del hombre, adicionando la teoría de la separación de poderes que distribuía las funciones principales del Estado en órganos diferentes que se controlaban y limitaban recíprocamente.[117]

En México tuvimos durante los años de la guerra de Independencia dos Constituciones parcial y relativamente vigentes: la Constitución española de Cádiz y la Constitución de Apatzingán, promulgada por el Congreso Constituyente; documentos constitucionales que recogieron las ideas respecto a la necesidad de organizar y limitar el poder político de acuerdo y con sujeción a una Constitución escrita, que debería ser la norma fundamental del orden jurídico, así mismo, dichos documentos constitucionales influyeron en los primeros ensayos del México independiente.[118]

El Congreso Constituyente emitió en 1824 el Acta Constitutiva de la Federación Mexicana, en la cual consignó una serie de decisiones políticas fundamentales que reflejaban la expresión normativa de las fuerzas de aquel entonces. Sin embargo, ésta no resolvió la cuestión relativa a las relaciones entre la Iglesia y el Estado, y conservó los monopolios y privilegios que disfrutaba la Iglesia, limitándose a dar facultades al Congreso federal para arreglar el ejercicio del patronato del cual había sido titular la Corona de España.

La República democrática, como decisión política fundamental, quedó consignada desde entonces bajo la modalidad representativa. Se depositó el Poder Ejecutivo en un presidente de la República, estableciéndose también el cargo de la vicepresidencia. El Poder Legislativo se organizó en dos cámaras, siguiendo el modelo norteamericano; el Poder Judicial se depositó en una Suprema Corte de Justicia, en tribunales de circuito y jueces de distrito.[119]

Sin embargo, fue el constitucionalismo promovido por José María Morelos el que más nítidamente plasmó la idea de la democracia al incorporar la soberanía popular y la República representativa en su texto, dividiendo el poder público en las tres ramas clásicas de go-

---

117 MADRID HURTADO, Miguel de la. *ESTUDIOS DE DERECHO CONSTITUCIONAL*. Editorial Porrúa. México. 1981. p. 37

118 Ibídem. p. 38

119 Ibídem. p. 39

bierno y organizando un Ejecutivo colegiado, y un Poder Legislativo con preponderancia sobre los otros.[120]

Durante el tiempo posterior a la Constitución de 1824 se produjo en México una verdadera lucha entre las dos tendencias políticas principales del país: las fuerzas conservadoras, herederas de los privilegios de las estructuras coloniales, y las liberales, derivadas de las luchas por la independencia. El punto que se debatió en forma destacada fue la opción entre un sistema federal y un sistema central. En aquellos tiempos, México vivió un movimiento pendular, que oscilaba de los conservadores a los liberales para regresar después a los primeros y continuar su movimiento rotatorio y aparentemente anárquico.

Fue en el Congreso Constituyente de 1856-1857 en donde se rechazó la posibilidad de un regreso liso y llano a la Constitución de 1824, ya que, aunque se aparentaba transigir con el sistema federal de gobierno, la nueva reestructuración de la Carta de 1824 habría permitido a las clases conservadoras mantener el monopolio religioso a favor de la Iglesia católica y salvar sus privilegios y propiedades.

El Congreso constituyente se pronunció por elaborar una nueva Carta fundamental que avanzara en la construcción de un Estado constitucional de corte liberal y moderno. En la Constitución de 1857 afloró la doctrina clásica de los derechos naturales del hombre: "el pueblo mexicano reconoce que los derechos del hombre son la base y el objeto de las instituciones sociales. En consecuencia, declara que todas las leyes y todas las autoridades del país deben respetar y sostener las garantías que otorga la presente Constitución."

En esta Constitución se definió ampliamente el concepto de soberanía popular. En su artículo 40 se decidió la democracia representativa y la forma republicana de gobierno. Se ratificó la forma federal del Estado mexicano, invocando la teoría de la co-soberanía de Alexis de Tocqueville[121] para explicar esta forma de gobierno. Uno de los

---

120 Ibídem. pp. 40 y 41

121 Pensador y político liberal francés, autor de la obra La democracia en América (1835-40). En ella reflejó su admiración por el modelo liberal-democrático americano, que consideraba mucho más equilibrado que el que propugnaban los revolucionarios europeos (por elementos moderadores, como la autonomía local).

grandes logros de la Constitución de 1857 fue el establecimiento de un sistema de defensa de los derechos del hombre y el control de la constitucionalidad de las libertades y actos de los poderes públicos, a través del juicio de amparo que introdujo Manuel Crescencio Rejón en la Constitución de Yucatán y, sobre todo, don Mariano Otero, cuyos pensamientos se analizarán en líneas posteriores.

Al proclamarse la Constitución de 1857 se produjo una fuerte reacción conservadora, provocando la renuncia del presidente, dando pie a la guerra de reforma.

Posteriormente, durante los gobiernos de Porfirio Díaz y Manuel González se respetó formalmente la Constitución de 1857, al estilo dictatorial, tocando a la revolución de 1910-1917 transformar el constitucionalismo mexicano de uno liberal a otro con orientaciones sociales, creándose así, la Constitución de 1917 vigente hasta nuestros días.[122]

En nuestra opinión la Constitución de 1917 es producto de una evolución política, tal como se ha esbozado en el presente apartado, y el problema de nuestro sistema constitucional, radica no únicamente en los intereses políticos, sino que debe existir una corresponsabilidad de las fuerzas políticas con la participación activa del mismo pueblo mexicano.

2.2 EL PENSAMIENTO DE IGNACIO L. VALLARTA

La historia mexicana se ve favorecida por el legado de grandes personajes a quienes les ha bastado estar muy transitoriamente en sus cargos públicos para construir las instituciones bajo las cuales vivimos. Uno de ellos, es sin duda, Ignacio L. Vallarta; a quien le bastaron 17 meses para establecer las relaciones diplomáticas más importantes entre México y Estados Unidos, 4 años para establecer la jurisprudencia de mayor influencia en la historia de la Suprema Corte de Justicia y 4 más para encauzar constitucionalmente al gobierno de Jalisco, entre otros logros en el escenario político.[123]

---

122 MADRID Hurtado, Miguel de la. Ob. Cit. p. 45.

123 GONZALEZ OROPEZA, Manuel. *IGNACIO LUIS VALLARTA HOMBRE Y FUNCIONARIO.*Suprema Corte de Justicia de la Nación. México. 1993. p. 20.

Durante sus años de estudiante, Vallarta fue testigo del pronunciamiento de los políticos y militares jaliscienses conservadores quienes propusieron el restablecimiento de la Constitución de 1824. Vallarta adelantó un duro comentario a la Constitución de 1824, en los siguientes términos:

> "La constitución de 1824, esa Constitución que los republicanos han visto siempre como su código sagrado, como el anhelado objeto de sus deseos y que no es más que una amalgama monstruosa de la verdad y la mentira, una transacción imposible entre lo nuevo y lo viejo; la constitución de 1824, repito, sólo adolece de un grave defecto: es antilógica y por esto sólo ni ha llenado las necesidades del país, ni ha sido potente a sacarnos del caos político en que andamos."[124]

La crítica de Vallarta a la Constitución de 1824 pudo haber sido más formal que real, los liberales moderados que habían restablecido el centralismo consideraban esta Constitución, como providencial, pero Vallarta se identificó en esta etapa con los liberales puros que tendrían que formular una nueva Constitución que, aunque federal, observara una estructura donde el presidente estuviera más controlado y subordinado al Poder Legislativo, que era considerado paradigma del poder político y de la representación popular.[125]

En cuanto al juicio de amparo, Vallarta perfeccionó una institución que tenía como inventores a los liberales de mediados del siglo XIX: Manuel Crescencio Rejón y Mariano Otero, ambos consumados como teóricos del individualismo liberal. El principio de relatividad que rige los efectos de las sentencias recaídas en los juicios de amparo es una expresión del liberalismo, que se concentra en los individuos más que en los grupos sociales. El amparo es desde entonces garantía del control de la constitucionalidad de las leyes y actos y no solo un medio de defensa de los derechos humanos.[126]

Así mismo, encontramos la denominada tesis de Vallarta, cuyos principios rectores son:

---

124 GONZALEZ OROPEZA, Manuel. *LA CENTENARIA OBRA DE IGNACIO L. VALLARTA COMO GOBERNADOR DE JALISCO.* Universidad Nacional Autónoma de México. México. 1995. p. 149.

125 Ibídem. p. 150

126 Ibídem. p. 152

1.– La exactitud en la aplicación de la ley no puede ser una garantía individual cuando se trata de un juicio civil. En cambio, sí lo es en los negocios criminales en virtud de las consideraciones que siguen:

a) Seria materialmente imposible a la Suprema Corte conocer, por vía de amparo, de todos y cada uno de los actos de los jueces civiles.

b) La Constitución no ha otorgado a dicho supremo tribunal la facultad de revisar los actos de todos los tribunales del país, facultad que debe ser expresa y clara, no figurando con tales requisitos en el texto constitucional de 1857.

c) De admitir tal facultad se estaría incurriendo en una flagrante violación del pacto federal, puesto que se vulneraría la soberanía de los Estados a quienes corresponde la administración de justicia en el ámbito local.

d) Se estarían confundiendo los derechos del hombre, objeto propio del amparo, con los derechos civiles (en el concepto de derecho privado, no en el concepto actual de derechos civiles, es decir, los fundamentales positivados), que son de carácter secundario respecto a la ley natural, no siendo además materia de la Constitución y si, en pureza, propia de la administración de justicia local

2.– No obstante, si debe considerarse admisible el amparo judicial en materia civil por violación de otras garantías individuales no comprendidas en la segunda parte del artículo 14 constitucional, como sería el caso de emplear el tormento, condenar a prisión por deudas civiles o aplicar el principio de retroactividad de las normas jurídicas en perjuicio de una persona.

Con ello, la Suprema Corte establecía sus criterios interpretativos que muchos no acabarían aceptando y lucharían por cambiar dichos postulados, hasta que finalmente se lograría la modificación

Como hemos destacado anteriormente, al haber establecido la improcedencia de la pretensión de amparo en negocios judiciales, la Ley de 1869 evidentemente no dio las reglas expresas para ello, por lo que, al admitirlo la jurisprudencia, tal institución procesal se encontró con una enorme laguna legal tanto la jurisprudencia de la Suprema Corte como labor de los prácticos del derecho tratado de suplir.

En efecto, como prueba de ese refuerzo constructor, José María Lozano en su clásico Tratado de los derechos del hombre, proponía tres reglas que debían ser precisadas por los tribunales.

a) No deberá proceder el recurso, salvo contra resoluciones que tuvieran el carácter de ejecutorias.
b) Deberá tenerse como parte en el juicio de amparo al colitigante del quejoso en el juicio común que hubiera motivado aquel.
c) No se podrá interponer sino dentro de un término perentorio. Pasado este, la sentencia, o en general el acto judicial, devendría firme con la fuerza o autoridad de la cosa juzgada.

El tiempo se encargó de darle la razón a Lozano y sus criterios fueron los que finalmente triunfaron.[127]

2.3 EL PENSAMIENTO DE MARIANO OTERO

Tanto Mariano Otero, como Manuel Crescencio Rejón se alimentaron intelectualmente de Alexis Tocqueville, aprendieron de su libro la Democracia en América que la vigilancia de la Constitución, las leyes y los derechos del Hombre debería estar a cargo del Poder Judicial como sucede en los Estados Unidos.[128]

El ideal de Otero en el Acta de Reformas de 1847, como se señaló en el capítulo anterior, era estructurar el Estado moderno democrático, un Estado de derecho, o más bien un Estado en el que el gobierno estuviera sometido al Derecho; un Estado en el que el Poder Judicial fuera garante de las libertades humanas y del orden constitucional. Su primera expresión legislativa la constituye el artículo 25 del acta de reformas de 1847, promovida por el diputado Mariano Otero y que a la letra decía:

> "Los tribunales de la federación ampararán a cualquier habitante de la República en el ejercicio y conservación de los derechos que le conceden esta Constitución y las leyes constitucionales, contra todo ataque de los Poderes Legislativo y Ejecutivo, ya de la Federación, ya de los estados,

---

127 SOBERANES FERNÁNDEZ, José Luis y MARTÍNEZ MARTÍNEZ, Faustino José. Ob. Cit. pp. 327 y 328.

128 PADILLA, José R. Ob. Cit. p. 69

> limitándose dichos tribunales a impartir su protección en el caso particular sobre que verse el proceso, sin hacer ninguna declaración general respecto de la ley o del acto que la motivare"[129]

En sí, las características del amparo Oterista, según Emilio Rabasa,[130] se traducen en:

1. La conservación del sistema federal con el establecimiento de los principios liberales y filosóficos propios del siglo XIX, inspirándose en las constituciones de la Francia revolucionaria, las instituciones inglesas y la Constitución norteamericana.
2. En la Constitución de 1824 se había establecido el principio de proteger por leyes los derechos del ciudadano; consecuentemente la nueva Constitución debería establecer las garantías individuales para todos los habitantes del territorio de la República, y sin distinción de nacionales y extranjeros.
3. Por lo que respecta a la organización de los poderes federales, proponía, respecto de la cámara popular, que tuviera tres objetivos de reforma: su número, las condiciones de elegibilidad y la forma de elección.
4. En cuanto a la formación de leyes, se requería el voto de dos tercios de la cámara iniciadora, unido al de poco más de un tercio de la revisora.
5. En relación con el Ejecutivo debería suprimirse el cargo de vicepresidente que establecía la Constitución de 1824.
6. Como gran novedad, proponía la facultad del Congreso de la Unión de declarar nulas las leyes de los Estados que implicasen una violación al Pacto federal, o fueran contrarias a las leyes generales.
7. Finalmente, la mayor aportación fue el Amparo. Los Tribunales de la federación ampararían a cualquier habitante de la República en el ejercicio y conservación de los derechos concedidos por la Constitución y las leyes constitucionales.

---

[129] Ibídem. p. 72

[130] RABASA, Emilio O. Ob. Cit. pp. 56, 57 y 58.

Esta primera expresión constitucional de nuestro juicio de amparo y los efectos de sus sentencias fue posteriormente recogido y adoptado por el Congreso Constituyente de 1857, a partir de entonces la formula Otero ha sido un principio en nuestro juicio de amparo.

Otero y la generación liberal de los diputados que aprobaron el acta de reformas de 1847, no concibieron el efecto de la relatividad de las sentencias, armónico con los principios liberales, para la declaración de los derechos humanos. Es decir, Otero tal como lo había hecho Manuel Crescencio Rejón, diferenció el juicio de amparo, protector de los derechos humanos del procedimiento innominado de anulación de leyes locales y federales que violentasen los principios constitucionales; excluidos los derechos humanos, asuntos típicamente del resorte individual con efectos lógicamente particularizados, todo control de la constitucionalidad de las leyes sería objeto de recursos distintos al juicio de amparo. Este fue, en consecuencia, el pensamiento de Otero, que recuerda la propuesta de James Madison, por lo que su juicio de amparo y su efecto nunca fue trasplantado a la constitucionalidad de las leyes, ya que quebrantaría el exclusivo espíritu liberal del juicio de amparo que solo procedía contra violaciones a los derechos del individuo.[131]

2.4 EL PENSAMIENTO DE MANUEL CRESCENCIO REJÓN

La figura de don Manuel Crescencio Rejón, jurista yucateco, aparece en la primera mitad del siglo XIX, época difícil y problemática, en la que la nacionalidad mexicana iba forjándose penosamente. Rejón puso todo el peso de sus convicciones a favor del federalismo y de las instituciones republicanas, sentando las bases para lo que habría de ser, más adelante y en el ámbito federal, la más característica y vigorosa defensa de los particulares frente a los abusos del poder público: el juicio de amparo.[132]

Rejón formó parte de la comisión redactora de la Constitución Yucateca y elaboró una exposición de motivos donde señala la nece-

---

131 GONZALEZ OROPEZA, Manuel. *IGNACIO LUIS VALLARTA HOMBRE Y FUNCIONARIO* Ob. Cit. p. 23

132 MADRID HURTADO, Miguel de la. Ob. Cit. p. 990

sidad de establecer un medio de control constitucional por órgano jurisdiccional.[133]

El Proyecto de Constitución resultó progresista, de avanzada y dotado de una excelente técnica jurídica. Propuso un capítulo de garantías individuales y un sistema de separación de poderes en el que se encomendó al Poder Judicial del Estado preservar la Constitución contra transgresiones de los otros poderes, e incluso del mismo Poder Judicial.[134]

Crescencio Rejón concibió un instrumento de defensa de los gobernados, frente al poder público, cuyas líneas esenciales fueron:

a) Proteger contra actos inconstitucionales de los tres poderes.
b) Su extensión protectora sería sobre la Constitución entera.
c) Se constituyó como medio de control de la constitucionalidad y de la legalidad de los actos de autoridad.
d) El órgano protector era el Poder Judicial.
e) Operaría únicamente a instancia de parte agraviada.
f) Tratándose de amparo contra leyes, la declaratoria no sería *erga omnes*, sino que solo favorecería a quienes hubieran solicitado la protección.[135]

La obra de Rejón adolece de varios defectos que los tratadistas se han encargado de señalar; si bien, no inventó el vocablo "Amparo", sí se encargó de introducirlo a la vida jurídica mexicana y puso los cimientos de la institución.[136]

---

133 PADILLA, José R. Ob. Cit. p. 66

134 RUIZ TORRES, Humberto Enrique. *CURSO GENERAL DE AMPARO.* Prologuista OVALLE Fabela José. Oxford. México. 2006. p. 44

135 Ibídem. p. 45

136 PADILLA, José R. Ob. Cit. p. 68.

III. EL AMPARO EN LA CONSTITUCIÓN DE 1917

3.1 La Constitución de 1917; 3.2 Ley de Amparo de octubre de 1919; 3.3 Ley de Amparo de 1936.

3.1 LA CONSTITUCIÓN DE 1917

La consolidación del movimiento revolucionario, que sigue a los gobiernos de Madero y Victoriano Huerta, obtiene de Venustiano Carranza, gobernador del Estado de Coahuila el comienzo de la etapa constitucionalista, cuya principal pretensión fue la restauración de la Constitución de 1857, maltratada durante el Porfiriato y la Revolución.[137]

Carranza convocó a un nuevo Congreso Constituyente, integrado por representantes de los Estados, el cual se instaló en la ciudad de Querétaro e inició sus trabajos en noviembre de 1916. Se formaron dos comisiones de Constitución, creándose posteriormente una tercera comisión, las cuales se encargaron de elaborar lo que hoy conocemos como la Constitución Política de los Estados Unidos Mexicanos la cual fue promulgada el 5 de febrero de 1917.[138]

La Constitución de 1917 se aparta de la doctrina individualista, pues, a diferencia de la de 1857, no considera a los derechos del hombre como la base y objeto de las instituciones sociales, sino que los reputa como un conjunto de garantías individuales que el Estado concede u otorga a los habitantes de su territorio.

Lejos de sustentar la tesis del individualista, se inclina más hacia la teoría rousseauniana, que asevera que las garantías que pueden gozar los individuos frente al poder público son otorgadas a éstos por la propia sociedad, única titular de la soberanía. La voluntad de la nación, es para Rousseau el elemento supremo en que reside la

---

137 SOBERANES FERNÁNDEZ, José Luis y MARTÍNEZ MARTÍNEZ, Faustino José. Ob. Cit. p. 367

138 Ibídem. p. 368

soberanía, sobre la cual ningún poder existe y a la cual todos deben sumisión.[139]

La Constitución mexicana de 1917 dio origen al constitucionalismo social, que prevalece hasta nuestros días, según el cual no se limita a establecer las bases de la organización política de los Estados y reconocer y proteger los derechos del hombre, sino que agrega el valor de los derechos sociales y establece las bases de un sistema económico; basándose en un conjunto de principios o decisiones políticas fundamentales que el pueblo mexicano ha venido adoptando gradualmente desde la independencia; tales como la soberanía popular, el concepto de derechos individuales y sociales del hombre, el sistema representativo de gobierno, la división de poderes, el sistema federal, la rectoría del Estado sobre el desarrollo nacional y economía mixta, la separación entre el Estado y las iglesias; prevé la posibilidad de ser reformada o adicionada mediante el poder revisor de la Constitución.[140]

En relación con el amparo, destacaba que éste se había creado con un alto fin social, pero que se había pervertido hasta erigirse en un arma política y en un medio dirigido a acabar con la soberanía de los Estados.[141]

El juicio de amparo no solo había arraigado profundamente en la conciencia popular, sino que tenía una tradición jurídica; el pueblo había palpado sus efectos protectores frente al despotismo y arbitrariedad, y muchas veces se había salvado gracias a él, la libertad, el patrimonio y la vida de las personas. La segunda comisión de la Constitución fue la encargada de tratar los artículos del juicio de amparo, conservando disposiciones que consignó la Constitución de 1857 en relación a la competencia constitucional del Poder Judicial de la Federación y algunas características del mismo.[142]

Los artículos relativos al amparo son aprobados e incorporados al texto constitucional bajo los numerales 103 y 107.

---

139 BURGOA, Ignacio. Ob. Cit. pp. 117 y 118.

140 MADRID HURTADO, Miguel de la. Ob. Cit. pp. 41, 42 y 43.

141 SOBERANES FERNÁNDEZ, José Luis y MARTÍNEZ MARTÍNEZ, Faustino José. Ob. Cit. p. 369

142 TENA RAMÍREZ, Felipe. *DERECHO CONSTITUCIONAL MEXICANO.* 36 edición. Editorial Porrúa. México. 2004. p. 505.

El artículo 103, es igual al 101 de la Constitución de 1857; el cual a la letra establece:

> Artículo 103. Los tribunales de la federación resolverán toda controversia que se suscite:
> I. Por leyes o actos de la autoridad que violen las garantías individuales;
> II. Por leyes o actos de la autoridad federal que vulneren o restrinjan la soberanía de los estados
> III. Por leyes o actos de las autoridades de estos que invadan la esfera de competencia de la autoridad federal.

Se manifiesta en el texto transcrito la influencia de Mariano Otero, de quien se habló en el apartado anterior, con su sistema hibrido por órganos jurisdiccional y político que implantara el ilustre jalisciense en el Acta de Reforma de 1847.[143]

El artículo 107 a lo largo de doce fracciones, detallaba minuciosamente los elementos esenciales que iban a integrar el diseño básico del amparo. Recogía el principio de instancia de parte agraviada, el carácter relativo de la sentencia, las reglas relativas a la suspensión y los efectos de la ejecución dirigida por autoridad responsable.[144]

Debe llamar la atención el hecho de que se consagró en el artículo 14 la procedencia del amparo contra sentencias judiciales por violación de leyes secundarias. Además del principio de legalidad del artículo 16 constitucional, por lo que la esfera protectora del amparo, se había ampliado a tal grado que, a partir de entonces, el amparo protege el orden jurídico nacional.[145]

Así mismo, es de consideración que en esta Constitución quedan establecidos los dos procedimientos que se conocen en el juicio de amparo, el amparo directo que procedía ante la Corte contra sentencias definitivas en materia civil y penal; y el indirecto ante el Juez de Distrito contra leyes y todo tipo de actos que no sean sentencias definitivas que resuelvan el asunto principal; haciendo la aclaración sobre su procedencia contra autoridades judiciales por actos fuera

143 PADILLA, José R. Ob. Cit. p. 91
144 SOBERANES FERNÁNDEZ, José Luis y MARTÍNEZ MARTÍNEZ, Faustino José. Ob. Cit. pp. 370 y 371
145 FIX-ZAMUDIO, Héctor Ob. Cit. p. 28.

de juicio, después de concluido o dentro del juicio, cuando tuvieren una ejecución de imposible reparación.[146]

En nuestra opinión, en la Carta Política de 1917 a diferencia de la de 1857, no se considera a los Derechos del Hombre como la base y objeto de las instituciones sociales, sino que los reputa como un conjunto de Garantías Individuales que el Estado concede u otorga a los habitantes de su territorio, es decir, que mientras la de 1857 reputa a los Derechos del Hombre como elementos supraestatales, la vigente los considera como fruto de una concesión por parte del orden jurídico del Estado.

Si bien, la manera de concebir los derechos del hombre en estas leyes fundamentales es distinta en cuanto a su origen y base de sustentación, no sucede lo mismo en lo que se refiere al medio de control o protección de tales derechos, ya que su procedencia es igual en ambos ordenamientos supremos, con la diferencia de que, en la Constitución de 1857 es muy limitada respecto de la regulación de nuestro juicio de garantías, la Constitución que actualmente rige, conforme a lo que establece el artículo 107 constitucional es mucho más clara y explícita en lo que atañe a las reglas procesales y a su ejercicio.

3.2 LEY DE AMPARO DE OCTUBRE DE 1919

Soberanes[147] señala que, con menos de dos años transcurridos desde la aprobación de la Constitución, se procedió a reglamentar el amparo mediante una nueva ley en 1919, la cual fue denominada "Ley Reglamentaria de los Artículos 103 y 104 de la Constitución Federal", en la cual se ve el deseo de separar nuevamente esta institución de las figuras a las que se había asimilado.

En la exposición de motivos se señalaba que tal como estaba establecido el juicio de amparo de bastante eficacia para hacer respetar las garantías individuales, no bastaba para fijar la interpretación de las leyes federales en los casos en que éstas debían ser aplicadas por

---

146 PADILLA, José R. Ob. Cit. pp. 91 y 92

147 SOBERANES FERNÁNDEZ, José Luis y MARTÍNEZ MARTÍNEZ, Faustino José. Ob. Cit. p. 374

los Tribunales del orden común, ya que la sentencia de amparo no podía modificar la dictada por dichos Tribunales. Por lo tanto, eran tantas las interpretaciones de las leyes federales, como Tribunales Superiores que había en los diversos Estados de la República, lo cual redundaba en la disminución de la administración de justicia, y de los derechos de la federación, en virtud, de que es la única que por medio de sus tribunales tiene la facultad de interpretar sus propias leyes. Por lo que para remediar dicho mal el artículo 104 de la Constitución de 1917, señala que para el caso de que los Tribunales locales tengan que aplicar leyes federales, establece el recurso de súplica ante la Suprema Corte de Justicia de la Nación, con la finalidad de evitar la violación de una garantía individual; pero en el caso de que verse sobre fijar la interpretación de una ley federal, pueda dicho tribunal hacerlo de manera efectiva, a través de una sentencia que confirme, revoque o modifique la dictada por los tribunales locales; tan trascendental innovación hace que la Ley reglamentaria de los artículos 103 y 104 de la Constitución, que anteriormente solo se ocupaba del amparo, recogiera la súplica dividiendo dicha ley en dos títulos: el primero relativo al amparo y el segundo referente a la súplica, con un total de 165 artículos.[148]

En el capítulo I, en correspondencia a la sección I del capítulo VI del título II del Código Federal de Procedimientos Civiles, se acatan y conservan sustancialmente las disposiciones de la citada sección I, con la innovación de que la mujer casada pude no necesitar la representación legal de su marido para solicitar el amparo.

Por lo que se refiere al capítulo II, se refiere a la competencia únicamente a los casos en que sean los jueces de distrito lo que deban de conocer del amparo, estableciendo que el amparo contra sentencias definitivas debía interponerse ante la Suprema Corte; se concede derecho al Ministerio Público y a las partes para intervenir en la substanciación de las incompetencias ante la Suprema Corte.

En cuanto a este apartado Soberanes[149] refiere que cuando se trate de atentados contra la libertad personal tipificados en los artículos

---

148 SOBERNAES FERNÁNDEZ, José Luis. *EVOLUCIÓN DE LA LEY DE AMPARO.* Universidad Nacional Autónoma de México. México. 1994. p. 374.

149 Ibídem. p. 375

16, 19 y 20 de la Constitución, se consagra una competencia concurrente, es decir, el agraviado podía puede optar por acudir ante el superior del tribunal que cometiese la violación o ante el juez de distrito con la finalidad de garantizar la imparcialidad de las actuaciones.

El capítulo III, hace extensivos los impedimentos de los magistrados y jueces al caso de que tengan amistad estrecha o manifiesta con alguna de las partes, su abogado o representante, garantizando mejor la imparcialidad de la justicia.

El capítulo IV, señalaba los casos de improcedencia, puntualizando en que la Constitución establece que unos amparos se pidan ante el juez de distrito y otros ante la Corte, determinando como caso de improcedencia el pedir amparo ante el juez, debiendo hacerlo ante la Corte o viceversa.

En cuanto a la suspensión, en su capítulo VI, permitía la misma en casos en que se preste fianza, siempre que el acto fuese de carácter exclusivamente patrimonial. Entre otras novedades de esta Ley, encontramos la desaparición del plazo de 20 días de ausencia de promoción para la caducidad de la instancia; precisa el concepto de autoridad responsable con una mayor intensidad, abarcando a aquella que ejecuta o trata de ejecutar el acto reclamado, pero también a la autoridad que lo hubiere dictado; así como el carácter vinculante de la jurisprudencia de la Suprema Corte.[150]

Esta ley estuvo vigente hasta enero de 1936, en que fue promulgada la actual Ley de Amparo.

3.3 LEY DE AMPARO DE 1936

El 24 de diciembre de 1935, el entonces presidente de la República, general Lázaro Cárdenas del Río, envió a la Cámara de Diputados una iniciativa de ley, producto de esta iniciativa se aprobó y posteriormente publicó en el Diario Oficial de la Federación, el 10 de Enero de 1936, la Ley Orgánica de los Artículos 103 y 107 de la Constitu-

150 SOBERANES FERNÁNDEZ, José Luis y MARTÍNEZ MARTÍNEZ, Faustino José. *APUNTES PARA LA HISTORIA DEL JUICIO DE AMPARO* Ob. Cit. p. 377.

ción federal (la cual en posteriores reformas se le denomino Ley de Amparo, Reglamentaria de los Artículos 103 y 107 de la Constitución Política de los Estados Unidos Mexicanos).

Con una estructura ya más compleja y con 210 artículos, la Ley de 1936 fue dividida en cinco Títulos: Titulo Primero "Reglas generales"; Titulo Segundo "Del Juicio de Amparo ante los juzgados de Distrito Titulo Tercero "Del Juicio de amparo ante la Suprema Corte de Justicia; Titulo Cuarto "De la Jurisprudencia de la Suprema Corte de Justicia; Titulo Quinto "De la Responsabilidad en los juicios de amparo".

A su vez, el Titulo Primero se conformo en 12 capítulos: I.– "Disposiciones Fundamentales"; II.– "De la capacidad y de la Personalidad"; III.– "De los Términos"; IV.– De las Notificaciones"; V.– "De los Incidentes en el Juicio"; VI.– "De la Competencia y de la Acumulación"; VII.– "De los Impedimentos"; VIII.– "De los casos de Improcedencia ", IX.– "De los Sobreseimientos"; X.– "De las Sentencias"; XI.– "De los Recursos"; XII.– "De la ejecución de las sentencias"; El Titulo Segundo constaba de cuatro capítulos: I." De los actos de materia de juicio"; II. "De la demanda"; III. "De la Suspensión del acto reclamado"; IV. "De la Substanciación del Juicio. El Titulo Tercero también tenía cuatro capítulos: I. "Disposiciones Generales"; II. "De la Demanda"; III. "De la suspensión del acto reclamado". IV." De la sustanciación del Juicio". El Titulo Cuarto comprendía un capitulo único sin rubro especial. El Titulo Quinto, de dos Capítulos: I. "De la Responsabilidad de los funcionarios que conozcan del amparo". II. "De la Responsabilidad de las Autoridades".[151]

Expresa un cambio sustancial y fundamental en la definición de autoridad responsable, señalando que es la que dicta u ordena, ejecuta o trata de ejecutar la ley o acto reclamado. Cuando abandonó el sistema seguido hasta la Ley de Amparo de 1919, y extendió o amplió el concepto de autoridad responsable para comprender a las que "dictan y ordenan", por sí mismas, esto es independientemente de que el acto reclamado admita o no ejecución, dejó fuera de la defini-

151 RUIZ TORRES, Humberto Enrique. Ob. Cit. p. 70

ción la conducta negativa, de las autoridades, lesionando con ello al quejoso en sus garantías individuales.[152]

La posibilidad de ejecución dejó ser consustancial al juicio de amparo y a partir de entonces, surgió la procedencia del juicio contra actos negativos, prohibitivos, declarativos, leyes autoaplicativas y en general, contra actos que por su naturaleza no admiten la ejecución material.[153]

Otra de las novedades de esta Ley es que prevé la constitución de una nueva sala de la Corte para conocer de los amparo promovidos sobre asuntos relacionados con diferencias y conflictos de trabajo, a efecto de que se facilite y haga más rápida su solución, concretando un anhelo de las clases trabajadoras en el sentido de que la justicia impartida en materia de trabajo lo sea sin sujetarse a las largas y difíciles tramitaciones que son propias de otra clase de juicios, instituyendo el amparo directo contra los laudos de las Juntas de Conciliación y Arbitraje.

En cuanto a la reglamentación de la suspensión, era preciso constituir un sistema que evitara, los graves perjuicios que la misma podría ocasionar a la familia obrera, poniéndola en trance de no poder subsistir mientras el juicio de amparo fuese resuelto.[154]

Se establece la obligación de las autoridades responsables de recibir los oficios que en materia de amparo se les dirija, surtiendo sus efectos legales la notificación aun cuando se negaren a recibir tales oficios. En materia de responsabilidad impone la sanción a la autoridad responsable que maliciosamente revoque el acto reclamado con el propósito de que se sobresea en el amparo sólo para insistir posteriormente en dicho acto, y con ello se impedirá esta viciosa práctica que en algunos casos se venía siguiendo.[155]

---

152 GUDIÑO PELAYO, José de Jesús. *INTRODUCCIÓN AL AMPARO MEXICANO.* 3ª edición. Editorial Limusa. México 2005. p. 203.

153 Ídem. p. 203

154 SOBERANES FERNÁNDEZ, José Luis. *EVOLUCIÓN DE LA LEY DE AMPARO.* Ob. Cit. p. 366

155 Ibídem. p. 367.

Esta es la norma secundaria que, con numerosas reformas en su haber; sigue rigiendo la tramitación del proceso constitucional en estudio.

IV. REFORMAS A LA LEY DE AMPARO DE 1936

4.1 El Amparo Social; 4.2 Amparo Casación según la Reforma Constitucional del 2008; 4.3 Reforma Constitucional del 2011

4.1 EL AMPARO SOCIAL

El derecho de amparo, tal como lo señala Fix- Zamudio,[156] tuvo un carácter individualista en los artículos 101 y 103 de la Constitución liberal de 1857, lo que dio origen al a famosa "Fórmula Otero", que destaca los efectos puramente individualistas de la sentencia de amparo, como se manifestó en el capítulo anterior.

Es por ello, que el juicio de amparo no fue concebido para proteger garantías sociales; sin embargo, a partir de la Constitución de 1917 éstas fueron reguladas, y posteriormente en la Ley de Amparo de 1936, como en la jurisprudencia de la Corte, introduciendo en la institución figuras de protección a la clase trabajadora. Dichas garantías sociales fueron consagradas en los artículos 27 y 123 de la Constitución de 1917 a favor de los campesinos y de los trabajadores, como derechos mínimos de tutela y protección.[157]

Las garantías individuales y sociales no son excluyentes entre sí, sino que se complementan para el desarrollo del gobernado en diferentes esferas de su actuación. Los derechos sociales responden al concepto de justicia social y existen para las personas o grupos económicamente débiles. Sin embargo, no fue fácil el camino para que se convirtieran en algo más que un enunciado político. Los principios y reclamos de justicia social que inspiraron al constituyente de 1917, serían inciertos sin el pleno reconocimiento de sus alcances y efectos en el juicio constitucional, que, por su estructura de estricto derecho, tuvo que advertir diferencias y excepciones a favor de los

---

156 FIX-ZAMUDIO, Héctor. *ORIGEN Y REPERCUSIONES DE LA PRIMERA LEY FEDERAL DEL TRABAJO.* Secretaría del Trabajo y Previsión Social. *México. 1981. p. 163.*

157 *TENA SUCK,* Rafael *y MORALES SALDAÑA,* Hugo Ítalo. *EL JUICIO DE AMPARO EN MATERIA LABORAL.* Editorial Oxford. México. 2000. p. 149.

económicamente débiles mediante la figura que Eduardo Couture denomina "igualdad por compensación", que subsiste aún en la actualidad con renovados criterios.[158]

En materia laboral, con anterioridad a la Ley de Amparo vigente, los amparos en contra de los laudos de las Juntas de Conciliación y Arbitraje se tramitaban ante los jueces de distrito, por lo que se estableció en esta nueva Ley la procedencia del amparo directo contra los laudos dictados por las Juntas de Conciliación y Arbitraje, equiparándolos a las sentencias definitivas en materia civil, complementándose con la creación de la Cuarta Sala de la Suprema Corte de Justicia de la Nación. De especial mención, en cuanto a las relaciones obrero-patronales, es la reglamentación que se estableció de manera específica respecto de la suspensión del acto reclamado, condicionándola a la ausencia de afectación de la subsistencia del trabajador; quedando con lo anterior definitivamente plasmada la tendencia tutelar hacia la clase trabajadora. Entre las características de excepción a favor de la clase trabajadora se destacan:[159]

- La Suplencia total de la deficiencia de la queja. Surge en el texto original del artículo 107 de la Constitución de 1917, como facultad potestativa de la Corte en materia penal; posteriormente con diversas reformas se fueron estableciendo diversos supuestos entre los cuales se incluyeron: contra el acto reclamado que se funda en leyes declaradas inconstitucionales por jurisprudencia de la Suprema Corte de la Justicia de la Nación, de la parte obrera en materia de trabajo, a favor de ejidatarios, comuneros y núcleos de población ejidal y comunal en materia agraria; contra actos que afecten derechos de menores o incapacitados.
- Improcedencia de la suspensión por el monto de la garantía de subsistencia.
- Improcedencia de la suspensión en condena de reinstalación del trabajador
- Inoperancia de la caducidad a favor de la clase trabajadora

---

158 Ídem.
159 Ídem.

En materia agraria, el amparo posee excepciones y disposiciones a favor de los núcleos de población ejidal y comunal, a través de las garantías sociales, las cuales se traducen en un régimen jurídico constitucional y legal de reservación, consolidación y mejoramiento de las condiciones económicas y culturales de la clase campesina de México, entre sus características encontramos:[160]

- La demanda de amparo podrá interponerse en cualquier tiempo, cuando el amparo se promueve contra actos que tengan o puedan tener por efecto, privar total o parcialmente, en forma temporal o definitiva, de la propiedad, posesión o disfrute de sus derechos agrarios a un núcleo de población sujeta al régimen ejidal o comunal.
- La suplencia de la deficiencia de la queja.
- En cuanto al cumplimiento de la sentencia, el Ministerio Público cuidará dicho cumplimiento.

Juventino V. Castro y Castro[161] se refirió al *amparo social en su obra* que llevó precisamente ese nombre de **"El Amparo Social"**.[162]

En esta obra, entre otras cuestiones, en el primer capítulo refiere a la problemática de la coincidencia en nuestro sistema jurídico-político de los derechos individuales y de los derechos sociales.

Castro partió de la base de que el sistema constitucional mexicano desde sus inicios en su vida independiente, mucho ha adelantado y reafirmado su lucha por los derechos individuales que son más conocidos como los derechos fundamentales de los seres humanos. Quedando claro que el juicio de amparo ha protegido a los derechos individuales, o sea los atributos que como esenciales se reconocen a

---

160 PONCE DE LEÓN, Armenta Luis M. *ESTUDIOS EN HOMENAJE AL DOCTOR HÉCTOR FIX-ZAMUDIO.* En sus treinta años como investigador en las ciencias jurídicas. Instituto de Investigaciones Jurídicas. México. 1988. pp. 195, 196, 197 y 198.

161 Especialista en Derecho Constitucional, Amparo y Penal. Ministro de la Suprema Corte de Justicia de la Nación, el 26 de enero de 1995. Asumió el cargo el 1° de febrero de 1995, y quedó adscrito a la Primera Sala, hasta el 30 de noviembre de 2003.

162 CASTRO Y CASTRO, Juventino V. *EL AMPARO SOCIAL.* Editorial Porrúa. México, 2005.

las personas en su individualidad, cerrando así un ciclo de gran creación jurídica de los mexicanos.

Así mismo señala tal y como lo expresamos en líneas anteriores el reconocimiento de los derechos sociales en la Constitución de 1917; efectuando la advertencia de que si bien habría que resaltar la grandeza de tal concepción mexicana de crear los derechos sociales, se cometió la increíble equivocación de no legislar previniendo la introducción de una acción procesal constitucional, similar y paralela al juicio de amparo, que permitiera hacer constar la impugnación de los grupos sociales, (ya no de las personas en lo individual) para obtener el respeto a tales derechos colectivos. Pugnando por la creación de un amparo social en el que varias personas que se consideran agraviadas por el mismo acto de autoridad ocurrido en un mismo momento, al tener quejas en común que hacer valer contra dichos actos, deciden actuar bajo un solo texto dar fe de oposición, firmando por supuesto todos la demanda común.[163]

Juventino V Castro y Castro, en entrevista en San Lázaro antes de participar en el foro Las Facultades de Investigación de la SCJN en octubre de 2007, con motivo de la interposición de más de medio millón de juicios contra la nueva Ley del ISSSTE, señaló: "es ridículo lo que está pasando en México. Más de medio millón de juicios cuando pudiera ser nada más uno planteando todo y resolviendo todo ".

4.2 AMPARO CASACIÓN, SEGÚN LA REFORMA CONSTITUCIONAL DEL 2008

Al triunfo de la Revolución de 1789 y emitida la Declaración de los Derechos del Hombre y del Ciudadano, los franceses elaboraron sus constituciones; creando en ellas tres órganos que se habrían de encargar de garantizar el cumplimiento de la Ley Suprema, la reglamentación secundaria y los derechos del hombre, entre ellos encontramos "La Corte de Casación", institución que tiene como finalidad

---

163 Ídem.

anular los fallos definitivos civiles o penales por errores de fondo y forma en el procedimiento ordinario.[164]

Esta institución se estima como un medio de impugnación que se traduce en un recurso de carácter extraordinario, a través del cual se examina la legalidad de la actividad del juez en el procedimiento y en la sentencia, produciendo el efecto de anular el fallo respectivo, ya sea para reponer el citado procedimiento, o con el propósito de que se pronuncie una nueva sentencia de fondo.[165]

El antecedente del recurso de casación en el ordenamiento mexicano fue el llamado recurso de nulidad, introducido en la Constitución de Cádiz de 1812, el cual se refería exclusivamente a las violaciones de carácter procesal, el que a su vez tiene su origen en el derecho francés, y que pasó a diversas legislaciones mexicanas con posterioridad.[166]

Se han controvertido las semejanzas y diferencias entre el propio recurso de casación y el juicio de amparo contra resoluciones judiciales, si se compara el sector del amparo contra resoluciones judiciales, con los elementos fundamentales del recurso de casación, se arriba a la conclusión de que poseen características similares, ya que ambos son recursos extraordinarios de nulidad, que tienen por objeto el examen de la legalidad de la actividad del juez, ya sea en el procedimiento o en la sentencia de fondo, tanto en beneficio de los justiciables afectados como de la unidad del derecho objetivo. Las diferencias de los diversos modelos se refieren a las facultades del tribunal de casación en cuanto a la sentencia de fondo, estableciendo o evitando el reenvío.[167]

De acuerdo con la legislación de amparo mexicana, la impugnación de las resoluciones judiciales se tramita a través de dos procedimientos, uno de ellos, de una sola instancia, que se utiliza para la impugnación de las sentencias definitivas, en tanto que el procedimiento de doble grado está dirigido a la impugnación de las re-

---

164 PADILLA, José R. *SINOPSIS DE AMPARO.* Cárdenas Editor. México. 1977. Ob. Cit. pp. 47 y 48

165 FIX-ZAMUDIO, Héctor. *ENSAYOS SOBRE EL DERECHO DE AMPARO.* Ob. Cit. pp. 202 y 203

166 Ibídem. p. 204

167 Ibídem. p. 232

soluciones judiciales que carezcan de la naturaleza de los fallos de fondo. También en el ordenamiento mexicano existen dos instituciones contrapuestas calificadas como estricto derecho y suplencia de la queja; la primera en relación con la impugnación de las resoluciones judiciales en materia civil que la jurisprudencia ha entendido a los actos y resoluciones administrativas, según la cual el juez federal debe limitarse estrictamente a los términos de la demanda, sin poder corregir ni ampliar nada en ella; y la segunda, en relación con las controversias laborales y penales, solo en beneficio de trabajadores e inculpados; las que afecten a menores e incapacitados, a los campesinos sujetos al régimen de reforma agraria, o a los justiciables que reclamen actos apoyados en leyes declaradas inconstitucionales por la jurisprudencia obligatoria de los tribunales federales; respecto de los cuales el juez del amparo está facultado y en ciertos casos, obligado, a corregir los errores y suplir las deficiencias de los sujetos procesales mencionados.[168]

La situación actual del amparo contra resoluciones judiciales calificado también como amparo-casación, requiere de reformas sustanciales, tal como lo menciona Fix-Zamudio,[169] debiendo abarcar la situación específica del citado sector del juicio de amparo mexicano, todo ello, con objeto de modernizar la institución y adaptarla a las necesidades del proceso civil moderno. Resultando indispensable suprimir la figura del llamado amparo de estricto derecho y unificar el procedimiento, tratándose del amparo contra resoluciones judiciales.

En México se impulsó una reforma completa al sistema de seguridad y justicia, aprobada en marzo de 2008, obedeciendo al atraso e ineficacia del sistema actual, para dar vigencia a las garantías individuales y derechos humanos que consagra la Constitución; y en lo referente a este punto, dicha reforma señala que la convicción con la que el juez deberá condenar no es subjetiva, sino adquirida después de contrastar y evaluar las pruebas y argumentos presentados por las partes, y el juez tendrá que explicarla al emitir su sentencia.[170]

---

168 Ibídem. p. 233

169 ibídem. p. 234.

170 Reforma Constitucional de Seguridad y Justicia. Gobierno Federal. México 2008.

4.3 REFORMA CONSTITUCIONAL DEL 2011

Es bien sabido que, en México existe un atraso significativo en lo que a sistema de justicia corresponde; y, como lo mencionamos en el punto anterior en el año 2008 se implementó una reforma al sistema de seguridad pública y justicia penal, marcando un avance enfocado a modernizar y acoplar el sistema de justicia penal que imperaba en el país.

Es, en el año 2011, dos años después de las modificaciones realizadas al sistema de seguridad pública y justicia antes referidos, encontrándose ya operando con las nuevas reformas que empezaron a surgir fallas en el mismo, generando confusiones en la manera de operarlo. Aunado a esto, se reconocieron los derechos humanos contemplados no solamente en nuestra Carta Magna, sino también los emanados de los diversos tratados internacionales suscritos por México, provocando una visión distinta en los derechos humanos, que antes de dicha data fueran vistos desde una visión positivista a ser analizados ahora desde un enfoque constitucionalista virtud de su reconocimiento de las ahora denominadas herramientas constitucionales para su protección, antes consideradas como garantías de seguridad jurídica, erigiéndose ambas como piedra angular del Estado de derecho.

De lo anterior, surge la afirmación de que el juicio de amparo es una herramienta efectiva de protección de derechos humanos tanto constitucionales como extra constitucionales que tiende a validar a través de los jueces federales mediante el control concentrado de constitucionalidad y convencionalidad; así como el difuso de aquellos por medio de jueces de legalidad, si los actos de cualquiera autoridad se ajustan a los parámetros de respeto fieles de salvaguarda de derechos humanos de los gobernados.[171]

Adicionalmente, tenemos que reconocer, que el juicio de amparo ha cobrado una significativa importancia, junto con sus hermanas las acciones de inconstitucionalidad y las controversias constitucionales en la vida democrática de la nación, pues no cabe duda que han

---

[171] https://www.scjn.gob.mx/sites/default/files/pagina/documentos/2016-11/LibroLeydeamparoenlenguajellano_0.pdf. Consultada el día 16 de agosto del 2023

sido herramientas eficaces ante los embates de los diversos poderes, Ejecutivo y Legislativo, en la posible vulneración a los parámetros de respeto de los derechos humanos; y, a la no invasión de otros poderes en el accionar de otros; y/o, en la implementación de normas que vulneren directamente los derechos ya reconocidos en la Constitución mexicana.[172]

Por otro lado, a raíz de la ampliación en tratados internacionales de la esfera de derechos y garantías fundamentales contenidos en nuestro pacto federal, se generó, a nuestro punto de vista, una doble funcionalidad, la primera un beneficio directo de los gobernados; y, por otra parte, una irrestricta obligación de la autoridad de respetar y velar por dichos derechos.

Referido lo anterior, reconocemos que en la anterior Ley de Amparo de 1936 sólo se preveía violaciones a los derechos fundamentales a los gobernados por parte de una autoridad en el ejercicio irrestricto de sus funciones, pero afortunadamente a raíz de valientes precedentes del Poder Judicial Federal, se estableció que la posible vulneración a tales derechos humanos y herramientas constitucionales para su protección, no solamente podrían devenir del actuar, activo u omisivo, de autoridades propiamente dichas, sino incluso por actos de particulares actuando mediante una delegación expresa o implícita de aquellas en el ejercicio constitucional de sus facultades.

Fue por ello, que en el mes de junio de 2011,[173] se aprobaron dos reformas de gran calado para nuestro país: en la primera de ellas, se gestó el reconocimiento expreso por primera vez en nuestro pacto federal del término "Derechos Humanos" de los cuales gozaría cualesquier persona, nacional o no, por el sólo hecho de entrar a territorio nacional; igualmente en ésta se establecieron las "Herramientas constitucionales" con las cuales los gobernados podrían reclamar la vulneración precisamente de ese mínimo de derechos fundamentales que le eran reconocidos tanto en el referido pacto federal, como

---

172 ídem

173 Poder Judicial De La Federación, *LA REFORMA CONSTITUCIONAL EN MATERIA DE AMPARO*, visible en https://www.cjf.gob.mx/documentos/2011/ReformaAmparo2011.pdf. Consultada el día 16 de agosto del 2023

en instrumentos internacionales o cualesquier legislación que les generará una protección ante los embates de los actos de autoridad.

La segunda de dichas reformas tuvo un impacto directo en una de las herramientas de protección de los derechos humanos, siendo ésta en el juicio de amparo, de la cual podemos destacar como relevantes las siguientes modificaciones, realizadas al artículo 94 de la Constitución Política de los Estados Unidos Mexicanos, mismo que comprende lo relacionado al Poder Judicial, creándose los "Plenos de Circuito" antes inexistentes, dándose al Pleno del Consejo de la Judicatura Federal la facultad de crearlos y circunscribirlos atendiendo al número y especialización de los Tribunales Colegiados de Circuito ya existentes.

De igual manera, en su siguiente párrafo, se estableció que tratándose de los juicios de amparo, las controversias constitucionales; y, las acciones de inconstitucionalidad se substanciarían de manera prioritaria cuando alguna de las Cámaras del Poder Legislativo, a través de su presidente; o, del Ejecutivo Federal, por conducto del consejero jurídico del gobierno, justifiquen la urgencia atendiendo al interés social o al orden público, en los términos de lo dispuesto por las leyes reglamentarias.

Por su parte, en el ordinal 103 se estableció una ampliación competencial de los Tribunales de la Federación para conocer de controversias que se susciten, por normas generales, actos u omisiones de autoridades que violen derechos humanos reconocidos y herramientas constitucionales para su protección otorgadas por la Constitución.[174]

Por último, pero no menos importante, es el señalar que en el artículo 107 se hizo la inclusión para acceder al juicio de amparo reconociéndose que tienen derecho a hacerlo aquellos gobernados que detenten un "Interés Legítimo", mismo que se conceptualizó como aquel en que, derivado de un acto de autoridad, aunque esté no sea directamente ejecutado hacía el quejoso, los resultados del mismo,

---

174 Cámara de Diputados del Congreso de la Unión, CONSTITUCIÓN POLÍTICA DE LOS ESTADOS UNIDOS MEXICANOS, reformas realizadas en el año 2011, visible en https://www.diputados.gob.mx/LeyesBiblio/pdf/CPEUM.pdf. Consultada el día 23 de agosto del 2023

ocasiona un perjuicio o priva de un beneficio en la esfera jurídica de un tercero.[175]

No cabe duda que la equiparación del interés legítimo al jurídico, como elemento prioritario de formalidad para acceder al juicio de protección de derechos humanos, surgió como un fiel reflejo a abundantes resoluciones del Poder Judicial Federal que en la práctica, antes de la existencia de su reconocimiento expreso en la Ley de Amparo, ya consideraban la factibilidad de que un gobernado, no obstante, no vulnerársele un derecho humano de manera personal y directa, sí se le violentaban derechos genéricos que impactaban de forma preponderante a su entorno, ya fuere individual o colectivo, sin exceptuarse la exigencia formal tratándose del "Interés Jurídico" de que el gobernado accedente al juicio de amparo resintiera una afectación directa a la esfera de sus derechos constitucionales en forma directa y personal.

En torno al principio de "Relatividad de las sentencias", se introdujo una excepción tratándose de acciones planteadas en amparo contra normas generales no tributarias, en donde se señala que cuando los órganos del Poder Judicial Federal establezcan jurisprudencia por reiteración en el sentido de la inconstitucionalidad de la norma impugnada notificándosele a la Suprema Corte de Justicia de la Nación, misma que a su vez en un plazo de 90 días naturales notificará a la autoridad emisora, una vez transcurrido ese plazo, se emitirá la declaratoria general de inconstitucionalidad, fijándose sus alcances y condiciones en los términos que la ley señala.

En relación al diverso principio de "Definitividad", se estableció que antes de acudir al juicio constitucional deberán agotarse los medios de defensa ordinarios que las leyes procesales respectivas establezcan, para que una vez hecho lo anterior, se pueda acudir en demanda de amparo.

Por lo que hace a la técnica de estudio de los conceptos de violación procesales o de forma en amparo directo, se estableció que a fin de evitar el retardo de justicia y la promoción de diversos juicios de amparo se generó la obligación al Tribunal Colegiado de Circuito

---

175 Descripción realizada por la Primera Sala de la Suprema Corte de Justicia de la Nación en la contradicción de tesis 553/2012 emitida el 06 de marzo del 2012

respectivo de examinar todas y cada una las violaciones procesales alegadas y en su caso aplicar la suplencia de la queja.

La conceptualización y aplicación en materia de suspensión de la apariencia del "Buen derecho", es otra introducción en la reforma relatada; igualmente se introdujo la acción de "Amparo adhesivo", mencionando que la parte que haya obtenido sentencia favorable y la que tenga interés jurídico en que subsista el acto reclamado que está a su favor, puede presentar acción constitucional de amparo adhesivamente al que promueva cualquiera de las partes que intervinieron en el juicio del que emana el acto reclamado; y, por lo que hace al recurso de "Revisión" tratándose de amparo directo se estableció la procedencia del mismo en contra de las sentencias que resuelvan sobre la constitucionalidad de normas generales, establezcan la interpretación directa de un precepto de esta Constitución u omitan decidir sobre tales cuestiones, cuando hubieren sido planteadas, siempre que fijen un criterio de importancia y trascendencia.

En la misma vertiente, debemos reconocer que la reforma constitucional en análisis irrogó también importantes obligaciones a las autoridades, entre ellas no solamente lograr una correcta y ajustada interpretación de lo que por derecho humano se debe entender, sino a mayor abundamiento, cómo debe ser interpretado, aplicado y exigido, de lo que subyace el fiel respeto de éstas autoridades, al *quantum mínimo* de derechos fundamentales reconocidos nacional e internacionalmente .[176]

Algunas implicaciones de este proceso son:

- Incorporar nuevos contenidos normativos al ordenamiento jurídico mexicano tratándose de derechos humanos, que deben ser conocidos por los operadores del derecho.
- El reto progresivo de conocer las decisiones de las instancias jurisdiccionales internas; y, en particular, de las Cortes internacionales.

---

176 https://www.cndh.org.mx/index.php/noticia/reforma-constitucional-en-materia-de-derechos-humanos-10-de-junio#:~:text=A%20trav%C3%A9s%20de%20esta%20modificaci%C3%B3n,Constituci%C3%B3n%20como%20en%20tratados%20internacionales%5B. Consultada el día 17 de agosto del 2023

- El desafío de incorporar nuevos elementos al bagaje cultural de los usuarios del derecho, en el sentido de pensar y operar bajo técnicas y prácticas distintas a las que se utilizaban antaño, para modificar sus procederes en fiel respeto de los derechos fundamentales.

Ahora bien, reconocemos que esta primer introspección modificativa del 2011 a la Carta Magna y de la Ley de Amparo, si bien es cierto introdujo importantes instituciones al derecho interno, no menos cierto es que en la práctica aun el juicio de amparo seguía siendo demasiado formal, cerrado, complejo y extenso, generando con esto una dificultad práctica a los gobernados para acceder a él de manera fácil, pronta; y efectiva, denegando el principio fundamental enarbolado por el propio Poder Judicial Federal de "Efectivo acceso a la justicia".

V. NUEVA LEY DE AMPARO DEL 2013

5.1 Preámbulo; 5.2 Aspectos a reformar; 5.3 Cambios efectuados por la reforma constitucional del año 2013. 5.4 Reforma Constitucional del 2016

5.1 PREÁMBULO

La sociedad humana; y, evidentemente sus creaciones, como el Derecho, no son estáticos, evolucionan con la misma vertiginosidad que el tiempo, los usos, las costumbres y las exigencias sociales imponen.

Así dicho, el Derecho como creación del hombre para regular su interacción en sociedad, amerita siempre estar actualizado en la medida de lo posible, partiendo necesaria y esencialmente de la progresividad que los mismos derechos fundamentales reconocidos en el pacto federal genera.

Como hemos dicho, tanto la Carta Magna, como los instrumentos internacionales de los que México forma parte reconocen, y en el caso de los segundos, amplían los derechos fundamentales que deben reconocerse a los gobernados mexicanos. Esto genera que el Poder Legislativo, con el mismo dinamismo trabaje para generar derecho positivo no solo en materia de reconocimiento de derechos fundamentales, sino para mejoramiento de aquellas herramientas del mismo rango constitucional para su protección.

Parafraseando a Ignacio Burgoa,[177] reconocemos que derivado de los actos desplegados por la autoridad que pueden ser vulneratorios

---

177 BURGOA, Ignacio. Ob. Cit., pp. 30 y 32. En el mismo sentido apunta Contreras Castellanos, Julio que, el control de la Constitución puede entenderse como el sistema institucional que la propia Carta Magna establece para la sujeción de todos los actos autoritarios a sus precisiones jurídicas; por lo cual, lo componen tanto los órganos y los medios que se prevén para su defensa, los que se estatuyen como instrumentos de orden jurisdiccional e índole procesal, así como de carácter no vinculativo, y con efectos morales por su constreñimiento basado en la fuerza de la opinión pública, cuyo objeto es el resguardo de la propia Constitución.

de los derechos fundamentales, urge la necesidad de que la herramienta constitucionalmente creada para su protección, el juicio de amparo, no solo esté creado y vigente, sino que además debe estar siempre a la vanguardia en materia de agilización de ese mecanismo de protección, denostando impedimentos o barreras que impidan su libre y efectivo acceso, ya que el mismo surgió a la vida jurídica de México a merced del impulso social, canalizado por sus forjadores para proteger las garantías constitucionales, principalmente, la esfera del gobernado contra cualquier acto del poder público que afectase o amenazase su esfera de derechos fundamentales.

5.2 CONSULTAS PARA REFORMA A LA LEY DE AMPARO

Históricamente el juicio de amparo se ha constituido como el instrumento de control de constitucionalidad más importante dentro de nuestro sistema jurídico, actualmente es el medio para cuestionar la constitucionalidad de la actuación de toda autoridad del Estado, y al mismo tiempo, el mecanismo más eficaz que tienen las personas para evitar o corregir los abusos o equivocaciones del poder público que lesionan o vulneran sus derechos fundamentales reconocidos en la Carta Magna, teniendo por objeto específico hacer real y eficaz la autolimitación del ejercicio de la autoridad por parte de los órganos del Estado, de ahí no solo su importancia, sino también a mayor abundamiento la de los jueces y tribunales constitucionales en un Estado constitucional de Derecho.[178]

Debemos partir por considerar que la Ley de Amparo de 1936, si bien es cierto, para su momento irrogaba un mecanismo entonces adecuado para la protección de los derechos fundamentales ante los embates del poder público, no menos cierto es que iba quedando atrasada en cuanto a la progresividad de protección los derechos humanos a la que estaba dirigida.

---

[178] Suprema Corte de Justicia de la Nación, *INICIATIVA CON PROYECTO DE DECRETO POR LA QUE SE EXPIDE LA LEY DE AMPARO*, visible en https://legislacion.scjn.gob.mx/buscador/Paginas/wfProcesoLegislativoCompleto.aspx?q=7kRzIRZznngVsNidaZKZM/Q33E6NfQgmNveWn6w1myF26atvdqivvlposIeSWVmBCz78AljAs+1xvqPMEHp64w==. Consultada el día 18 de agosto del 2023

Derivado y consciente de ello, la Suprema Corte de Justicia de la Nación a través de su Comisión de Análisis de Propuestas para una Nueva Ley de Amparo convocó una amplia consulta ciudadana; y, sobre todo a especialistas en derecho, para abordar y proponer reformas adecuativas que modernizaran y dieran vigencia a la Ley de Amparo.

Al respecto de dicha consulta, el entonces presidente de la Suprema Corte, Arturo Zaldívar[179], mencionó que al ser la Suprema Corte el árbitro constitucional del interactuar de los poderes constituidos para con los gobernados, no podían éstos estar aislados de la labor que aquella realizaba; luego entonces era imperioso generar un amplio debate nacional sobre verdaderas adecuaciones a la principal herramienta constitucional de protección de derechos fundamentales.

En tal sentido, con la finalidad de garantizar un acceso efectivo a la justicia constitucional; y, la efectividad en la tutela de los derechos fundamentales, los litigantes, jueces, legisladores y juristas juegan un papel sumamente importante, para tomar en cuenta los aspectos que deberían reformarse en la ley de amparo de 1936, ello con la finalidad de unificar y consolidar un nuevo texto que armonice la relación entre los gobernados, autoridades y funcionarios públicos que participan en la administración de la justicia constitucional.[180]

Ahora bien, derivado de la consulta nacional referida se precisaron los siguientes puntos de relevancia a tratar en la propuesta de reforma de la Ley de Amparo: Las reglas procesales en los distintos procedimientos; el amparo y sus diversos procesos; el ministerio público como parte en el juicio; improcedencia y sobreseimiento; caducidad; notificaciones; jurisprudencia; relatividad, estructura y ejecución de las sentencias; los efectos en los procesos ordinarios; amparo como recurso, requisitos de procedencia; amparo contra particulares; am-

---

179 ZALDÍVAR LELO DE LARREA, Arturo, *HACIA UNA NUEVA LEY DE AMPARO*, Universidad Autónoma de México, México, 2002.

180 Suprema Corte de Justicia de la Nación, *INICIATIVA CON PROYECTO DE DECRETO POR LA QUE SE EXPIDE LA LEY DE AMPARO*, visible en https://legislacion.scjn.gob.mx/buscador/Paginas/wfProcesoLegislativoCompleto.aspx?q=7kRzIRZznngVsNidaZKZM/Q33E6NfQgmNveWn6w1myF26atvdqivvlposIeSWVmBCz78AljAs+1xvqPMEHp64w==. Consultada el día 18 de agosto del 2023

paro para proteger derechos contenidos en instrumentos internacionales.[181]

El resultado de dichos foros de consultas culminó con el reconocimiento de abrogación de la ley de amparo de 1936, para generarse una nueva ley en la materia, misma que entró en vigor el 03 de abril del 2013.

5.3 REFORMA A LA LEY DE AMPARO DE ABRIL DEL 2013

Como anteriormente referimos, a virtud de la consulta nacional convocada para la revisión de la Ley de Amparo de 1936 ésta fue abrogada; y en su lugar el día 02 de abril de 2013, se publicó en el Diario Oficial de la Federación, la nueva legislación reglamentaria de los artículos 103 y 107 constitucionales, trayendo como resultado una modernización a la institución protectora de derechos fundamentales, con la finalidad de beneficiar a todos los gobernados.

Dentro de las reformas citadas podemos destacar las siguientes:[182]

AMPLIACIÓN DEL ÁMBITO DE PROTECCIÓN CONSTITUCIONAL A TRAVÉS DEL AMPARO	Se reconoce expresamente en el art. 1 de la nueva ley los derechos fundamentales reconocidos en instrumentos internacionales, situación que en la ley abrogada no estaba contemplada expresamente.
SE DELIMITA EL CONCEPTO DEL INTERÉS LEGITIMO	Se reconoce expresamente en el art. 5 de la nueva ley la figura del interés legítimo, precisando su contenido y alcance, situación que en la ley abrogada no estaba contemplada.
AMPARO POR ACTOS OMISIVOS	En las reformas en el año 2011, ya se contemplaba la figura de amparo por actos omisivos de una autoridad, pero en la nueva legislación se brindaron los derroteros claros y precisos del mismo.

181 Suprema Corte de Justicia de la Nación. *LIBRO BLANCO DE LA REFORMA JUDICIAL*. Una agenda para la justicia en México, visible en https://sistemabibliotecario.scjn.gob.mx/sisbib/po_2010/59032/59032_1.pdf. Consultada el día 21 de agosto del 20

182 https://www.gob.mx/cms/uploads/attachment/file/66460/9_Ley_Amparo.pdf. Consultada el día 16 de agosto del 2023

AMPLIACIÓN DEL CONCEPTO DE AUTORIDAD RESPONSABLE	Se reconoce que se puede atacar a través del amparo los actos de particulares, cuando los mismos actuaren al amparo de una obligación legal y/o en auxilio de una autoridad en ejercicio de sus funciones.
MODIFICACIÓN DEL TÉRMINO PARA PROMOVER ACCIÓN DE AMPARO DIRECTO	Se otorgan hasta 8 años para los casos en los que se reclame la sentencia definitiva condenatoria en un proceso penal que imponga pena de prisión; hasta 7 años para los casos en los que se promueva el amparo contra actos que tengan o puedan tener por efecto privar total o parcialmente, en forma temporal o definitiva, de la propiedad, posesión o disfrute de sus derechos agrarios a los núcleos de población ejidal o comuna.
IMPLEMENTACIÓN DE MEDIOS ELECTRÓNICOS PARA LA PROMOCIÓN Y SEGUIMIENTO DE JUICIOS DE AMPARO EN LINEA	Se modernizó la tramitación del juicio de amparo pues se implementaron los medios electrónicos para facilitar el acceso a la justicia constitucional, pudiendo hacer uso de los mismos para consultar expedientes, enviar y recibir promociones, documentos, acuerdos, resoluciones, sentencias, comunicaciones y notificaciones oficiales de los asuntos competencia de los órganos jurisdiccionales.
PLENOS REGIONALES DE CIRCUITO	Se creó la figura de los Plenos de Circuito, para determinar entorno a la contradicción de criterios surgidos entre tribunales de sus respectivos circuitos.
DECLARATORIA GENERAL DE INCONSTITUCIONALIDAD	Se introduce la figura de la declaratoria general de inconstitucionalidad y el principio de relatividad de las sentencias.
CAUSALES DE IMPROCEDENCIA	En la nueva ley se amplía esta institución en su artículo 61 concibiendo ahora 23 causales de improcedencia; añadiendo las siguientes fracciones I. Contra adiciones o reformas a la Constitución Política de los Estados Unidos Mexicanos; III. Contra actos del Consejo de la Judicatura Federal; IV. Contra resoluciones dictadas por el Tribunal Electoral del Poder Judicial de la Federación; VI. Contra resoluciones de los tribunales colegiados de circuito; XVIII. Contra las resoluciones de tribunales judiciales, administrativos o del trabajo, respecto de las cuales conceda la ley ordinaria algún recurso o medio de defensa, dentro del procedimiento, por virtud del cual puedan ser modificadas, revocadas o nulificadas. Se exceptúa de lo anterior:

	a) Cuando sean actos que importen peligro de privación de la vida, ataques a la libertad personal fuera de procedimiento, incomunicación, deportación o expulsión, proscripción o destierro, extradición, desaparición forzada de personas o alguno de los prohibidos por el artículo 22 de la Constitución Política de los Estados Unidos Mexicanos, así como la incorporación forzosa al Ejército, Armada o Fuerza Aérea nacionales; b) Cuando el acto reclamado consista en órdenes de aprehensión o reaprehensión, autos que establezcan providencias precautorias o impongan medidas cautelares restrictivas de la libertad, resolución que niegue la libertad bajo caución o que establezca los requisitos para su disfrute, resolución que decida sobre el incidente de desvanecimiento de datos, orden de arresto o cualquier otro que afecte la libertad personal del quejoso, siempre que no se trate de sentencia definitiva en el proceso penal; c) Cuando se trate de persona extraña al procedimiento d) Cuando se trate del auto de vinculación a proceso. y eliminando la causal de inactividad procesal y caducidad de la instancia, a comparación de la ley abrogada que en su artículo 73 contemplaba 18 causales de improcedencia.
SE ESTABLECIERON LAS CAUSAS DE PROCEDENCIA DEL PROCEDIMIENTO DE AMPARO INDIRECTO	Entratándose de la figura del amparo indirecto, se regulan ahora sus causas de procedencia
SUBSTANCIACIÓN EN TORNO AL AUTO DE PREVENCIÓN	Entratándose del auto de prevención a la demanda inicial, ahora en la nueva legislación se establecen plazos concretos para que sea cumplido; y se contemplan los medios electrónicos para la presentación de las demandas; y, la posibilidad de que sean firmadas de manera electrónica.
SUSPENSIÓN DEL ACTO RECLAMADO	En la nueva legislación se incorporan importantes cambios a la medida cautelar de suspensión, de entre ellos una clara división de suspensión en cualesquier otra materia que o sea la penal; y en ésta última supuestos de procedencia según sea el acto que se reclame; además, se incorpora la institución de la apariencia del buen derecho para su concesión.

5.4 REFORMA CONSTITUCIONAL DEL 2016

El día 17 de Junio de 2016 el decreto constitucional, por el que se reforman, adicionan y derogan diversas disposiciones del Código

Nacional de Procedimientos Penales; del Código Penal Federal; de la Ley General del Sistema Nacional de Seguridad Pública; de la Ley Federal para la Protección a Personas que Intervienen en el Procedimiento Penal; de la Ley General para Prevenir y Sancionar los Delitos en Materia de Secuestro, Reglamentaria de la fracción XXI del Artículo 73 de la Constitución Política de los Estados Unidos Mexicanos, de la Ley de Amparo, reglamentaria de los artículos 103 y 107 de la Constitución Política de los Estados Unidos Mexicanos, de la Ley Orgánica del Poder Judicial de la Federación, de la Ley Federal de Defensoría Pública, del Código Fiscal de la Federación y de la Ley de Instituciones de Crédito, todo lo cual impactó en la nueva Ley de Amparo.

De los principales cambios realizados por está reforma podemos destacar las siguientes.[183]

Ley De Amparo del 2013	Ley De Amparo del 2016
Artículo 12. En las materias civil, mercantil, laboral tratándose del patrón, o administrativa, la persona autorizada, deberá acreditar encontrarse legalmente autorizada para ejercer la profesión de licenciado en derecho o abogado, y deberán proporcionarse los datos correspondientes en el escrito en que se otorgue dicha autorización. Sin embargo, las partes podrán designar personas solamente para oír notificaciones e imponerse de los autos, a cualquier persona con capacidad legal, quien no gozará de las demás facultades a que se refiere el párrafo anterior.	**Artículo 12.** Se reforma el primero párrafo En las materias civil, mercantil, laboral, tratándose del patrón, administrativa **y penal**, la persona autorizada, deberá acreditar encontrarse legalmente autorizada para ejercer la profesión de licenciado en derecho o abogado, y deberán proporcionarse los datos correspondientes en el escrito en que se otorgue dicha autorización. Sin embargo, las partes podrán designar personas solamente para oír notificaciones e imponerse de los autos, a cualquier persona con capacidad legal, quien no gozará de las demás facultades a que se refiere el párrafo anterior.

183 Para la realización del cuadro comparativó, se tomo como base las publicaciones del Diario Oficial de la Federación de fechas 02 de abril del 2013 visible en https://www.diputados.gob.mx/LeyesBiblio/abro/lamp/LAmp_abro_02abr13.pdf, y de fecha 17 de Junio del 2016 visible en https://www.diputados.gob.mx/LeyesBiblio/ref/lamp/LAmp_ref03_17jun16.pdf, en las cuales se publicaron las leyes de amparo aquí comparadas, paginas consultadas el día 29 de Agosto del 2023.

Ley De Amparo del 2013	Ley De Amparo del 2016
Artículo 61. El juicio de amparo es improcedente....... **XVIII** **b)** Cuando el acto reclamado consista en órdenes de aprehensión o reaprehensión, autos de vinculación a proceso, resolución que niegue la libertad bajo caución o que establezca los requisitos para su disfrute, resolución que decida sobre el incidente de desvanecimiento de datos, orden de arresto o cualquier otro que afecte la libertad personal del quejoso, siempre que no se trate de sentencia definitiva en el proceso penal;	**Artículo 61**. Se reforma el párrafo XVIII, en el inciso B), adicionandose el inciso D) b) Cuando el acto reclamado consista en órdenes de aprehensión o reaprehensión, **autos que establezcan providencias precautorias o impongan medidas cautelares restrictivas de la libertad**, resolución que niegue la libertad bajo caución o que establezca los requisitos para su disfrute, resolución que decida sobre el incidente de desvanecimiento de datos, orden de arresto o cualquier otro que afecte la libertad personal del quejoso, siempre que no se trate de sentencia definitiva en el proceso penal; **d) Cuando se trate del auto de vinculación a proceso.**
Artículo 73. El Pleno y las Salas de la Suprema Corte de Justicia de la Nación, así como los tribunales colegiados de circuito, tratándose de resoluciones sobre la constitucionalidad de una norma general o sobre la convencionalidad de los tratados internacionales y amparos colectivos, deberán hacer públicos los proyectos de sentencias que serán discutidos en las sesiones correspondientes, con la misma anticipación que la publicación de las listas de los asuntos que se resolverán a que se refiere el artículo 184 de esta Ley.	**Artículo 73**. Se reforma el segundo párrafo, adicionandose el tercer párrafo. El Pleno y las Salas de la Suprema Corte de Justicia de la Nación, así como los Tribunales Colegiados de Circuito, tratándose de resoluciones sobre la constitucionalidad o convencionalidad de una norma general y amparos colectivos, deberán hacer públicos los proyectos de sentencias que serán discutidos en las sesiones correspondientes, **cuando menos con tres días de anticipación a la** publicación de las listas de los asuntos que se resolverán. **La Suprema Corte de Justicia de la Nación y el Consejo de la Judicatura Federal, mediante acuerdos generales, reglamentarán la publicidad que deba darse a los proyectos de sentencia a que se refiere el párrafo anterior.**

Ley De Amparo del 2013	Ley De Amparo del 2016
Artículo 75. No obstante lo dispuesto en el párrafo anterior, en el amparo indirecto el quejoso podrá ofrecer pruebas cuando no hubiere tenido oportunidad de hacerlo ante la autoridad responsable. El órgano jurisdiccional deberá recabar oficiosamente las pruebas rendidas ante la responsable y las actuaciones que estime necesarias para la resolución del asunto.	**Artículo 75**. Se reforma el segundo y tercer párrafo. No obstante lo dispuesto en el párrafo anterior, en el amparo indirecto el quejoso podrá ofrecer pruebas cuando no hubiere tenido oportunidad de hacerlo ante la autoridad responsable. **Adicionalmente, en materia penal, el juez de distrito deberá cerciorarse de que este ofrecimiento en el amparo no implique una violación a la oralidad o a los principios que rigen en el proceso penal acusatorio.** El Órgano jurisdiccional deberá recabar oficiosamente las pruebas rendidas ante la responsable y las actuaciones que estime necesarias para la resolución del asunto. **En materia penal, se estará a lo dispuesto en la última parte del párrafo anterior.**
Artículo 77. Los efectos de la concesión del amparo serán: En asuntos del orden penal en que se reclame una orden de aprehensión o auto de vinculación a proceso en delitos que la ley no considere como graves, la sentencia que conceda el amparo surtirá efectos inmediatos, sin perjuicio de que pueda ser revocada mediante el recurso de revisión; salvo que se reclame el auto de vinculación a proceso y el amparo se conceda por vicios formales.	**Artículo 77**. Se reforma el cuarto párrafo, derogándose el quinto y sexto párrafo. En asuntos del orden penal en que se reclame una orden de aprehensión o **autos que establezcan providencias precautorias o impongan medidas cautelares restrictivas de la libertad con motivo de delitos** que la ley no considere como graves **o respecto de los cuales no proceda la prisión preventiva oficiosa conforme la legislación procedimental aplicable**, la sentencia que conceda el amparo surtirá efectos inmediatos, sin perjuicio de que pueda ser revocada mediante el recurso de revisión; salvo que se reclame el auto **por el que se resuelva la situación jurídica del quejoso en el sentido de sujetarlo a proceso penal, en términos de la legislación procesal aplicable,** y el amparo se conceda por vicios formales.
Artículo 79. **VII....** En los casos de las fracciones I, II, III, IV, V y VII de este artículo la suplencia se dará aún ante la ausencia de conceptos de violación o agravios.	**Artículo 79**. Se reforma el segundo párrafo del numeral, derogándose el último párrafo XVII En los casos de las fracciones I, II, III, IV, V y VII de este artículo la suplencia se dará aún ante la ausencia de conceptos de violación o agravios. **En estos casos solo se expresará en las sentencias cuando la suplencia derive de un beneficio.**

Ley De Amparo del 2013	Ley De Amparo del 2016
Artículo 117.	**Artículo 117**. Únicamente se adiciona el tercer párrafo, quedando igual el resto del texto contenido en el artículo. **En el sistema procesal penal acusatorio, la autoridad jurisdiccional acompañará un índice cronológico del desarrollo de la audiencia en la que se haya dictado el acto reclamado, en el que se indique el orden de intervención de cada una de las partes.**
Artículo 124. Las audiencias serán públicas. Abierta la audiencia, se procederá a la relación de constancias y pruebas desahogadas, y se recibirán, por su orden, las que falten por desahogarse y los alegatos por escrito que formulen las partes; acto continuo se dictará el fallo que corresponda.	**Artículo 124**. Se reforma el primero párrafo. Las audiencias serán públicas. Abierta la audiencia, se procederá a la relación de constancias, **videograbaciones analizadas íntegramente** y pruebas desahogadas, y se recibirán, por su orden, las que falten por desahogarse y los alegatos por escrito que formulen las partes; acto continuo se dictará el fallo que corresponda.
Artículo 128.	**Artículo 128**. Se adicionan los párrafos quinto y sexto quedando igual el resto del texto contenido en el artículo. **Asimismo, no serán objeto de suspensión las órdenes o medidas de protección dictadas en términos de la legislación aplicable por alguna autoridad administrativa o jurisdiccional para salvaguardar la seguridad o integridad de una persona y la ejecución de una técnica de investigación o medida cautelar concedida por autoridad judicial.** **Las normas generales, actos u omisiones del Instituto Federal de Telecomunicaciones y de la Comisión Federal de Competencia Económica, no serán objeto de suspensión. Solamente en los casos en que la Comisión Federal de Competencia Económica imponga multas o la desincorporación de activos, derechos, partes sociales o acciones, éstas se ejecutarán hasta que se resuelva el juicio de amparo que, en su caso, se promueva.**

Ley De Amparo del 2013	Ley De Amparo del 2016
Artículo 138. Promovida la suspensión del acto reclamado el órgano jurisdiccional deberá realizar un análisis ponderado de la apariencia del buen derecho y la no afectación del interés social y, en su caso, acordará lo siguiente:	**Artículo 138**. Se reforma el primer párrafo. Promovida la suspensión del acto reclamado el órgano jurisdiccional deberá realizar un análisis ponderado de la apariencia del buen derecho, la no afectación del interés social **y la no contravención de disposiciones de orden público**, en su caso, acordará lo siguiente:
Artículo 165. Cuando el acto reclamado afecte la libertad personal del quejoso y se encuentre a disposición del Ministerio Público por cumplimiento de orden de detención del mismo, la suspensión se concederá para el efecto de que dentro del término de cuarenta y ocho horas o en un plazo de noventa y seis, tratándose de delincuencia organizada, contadas a partir del momento de la detención, sea puesto en libertad o consignado ante el juez penal correspondiente. Cuando el quejoso se encuentre a disposición del Ministerio Público por haber sido detenido en flagrancia, el plazo se contará a partir de que sea puesto a su disposición. En cualquier caso distinto de los anteriores en los que el Ministerio Público restrinja la libertad del quejoso, la suspensión se concederá para el efecto de que sea puesto en inmediata libertad o consignado a su juez.	**Artículo 165**. Se reforma el primer, segundo y tercer párrafo. Cuando el acto reclamado afecte la libertad personal del quejoso y se encuentre a disposición del Ministerio Público por cumplimiento de orden de detención del mismo, **salvo el caso de la detención por caso urgente**, la suspensión se concederá para el efecto de que dentro del término de cuarenta y ocho horas o en un plazo de noventa y seis, tratándose de delincuencia organizada, contadas a partir del momento de la detención, sea puesto en libertad o a **disposición ante el órgano jurisdiccional correspondiente**. Cuando el quejoso se encuentre a disposición del Ministerio Público por haber sido detenido en flagrancia **o caso urgente**, el plazo contará a partir de que sea puesto a disposición. En cualquier caso distinto de los anteriores **y en la detención por caso urgente**, en los que el Ministerio Público restrinja la libertad del quejoso, la suspensión se concederá para el efecto de que sea puesto en inmediata libertad o **a disposición ante el órgano jurisdiccional correspondiente**.
Artículo 166.	**Artículo 166**. Se adiciona el sexto párrafo, quedando igual el resto del texto contenido en el artículo **En el caso de órdenes o medidas de protección impuestas en cualquiera de las etapas de un procedimiento penal se estará a lo dispuesto en el penúltimo párrafo del artículo 128**.

Ley De Amparo del 2013	Ley De Amparo del 2016
Artículo 170. Se entenderá por sentencias definitivas o laudos, los que decidan el juicio en lo principal; por resoluciones que pongan fin al juicio, las que sin decidirlo en lo principal lo den por concluido. En materia penal, las sentencias absolutorias y los autos que se refieran a la libertad del imputado podrán ser impugnadas por la víctima u ofendido del delito en los casos establecidos por el artículo 173 de esta Ley. Para efectos de esta Ley, el juicio se inicia con la presentación de la demanda y, en materia penal, con el auto de vinculación a proceso ante el órgano jurisdiccional;	**Artículo 170**. Se reforma el tercer y sexto párrafo. Se entenderá por sentencias definitivas o laudos, los que decidan el juicio en lo principal; por resoluciones que pongan fin al juicio, las que sin decidirlo en lo principal lo den por concluido. En materia penal, las sentencias **condenatorias**, absolutorias y **de sobreseimiento**, podrán ser impugnadas por la víctima u ofendido del delito. Para efectos de esta Ley, el juicio se inicia con la presentación de la demanda. En materia penal **el proceso comienza con la audiencia inicial ante el Juez de control**;

En resumen, esta reforma dio pie a la modificación de los artículo de a la Ley de Amparo descritos en el cuadro comparativo arriba mencionado, teniendo como puntos importantes el que se haya contemplado las figuras como el auto de vinculación a proceso, las providencias precautorias, medidas cautelares, y, medidas de protección.

Así mismo, se requiere que el licenciado en derecho, demuestre que legalmente se encuentra autorizado para representar los intereses del quejoso, garantizándose la adecuada y técnica defensa; esto se adecua a los cambios que se generaron a raíz de la reforma de seguridad y justicia penal donde se promueve una adecuada defensa y asesoría jurídica a las partes del proceso penal.

Para poder estar en aptitud de representar los intereses del quejoso, el profesionista en derecho, tiene la obligación de demostrar que se encuentra legalmente autorizado para ejercer la profesión de licenciado en derecho o abogado, evitando con esto que se trasgredan los derechos fundamentales tutelados por el derecho penal, al no contar con una adecuada defensa, de igual manera, se establecen normas sobre el ofrecimiento de pruebas y la no transgresión al principio de oralidad de la audiencia penal.

Por otro lado, pero no menos importante, se establece la reglamentación que la Suprema Corte de Justicia de la Nación y el Consejo de la Judicatura Federal habrán de realizar respecto a la publicidad de los proyectos de sentencia en los que se resuelva sobre la constitucionalidad o convencionalidad de una norma general, lo que favorece la cultura de la transparencia y la rendición de cuentas.

Finalmente, en la reforma más reciente a la Ley de Amparo, llevada a cabo en junio de 2024 y publicada en el DOF 14-06-2024, se reformaron los artículos 129 y 148 de esta Ley. La disposición más relevante fue la adición que se hizo al artículo 148 en donde se estipuló lo siguiente "Tratándose de juicios de amparo que resuelvan la inconstitucionalidad de normas generales, en ningún caso las suspensiones que se dicten fijarán efectos generales"[184].

---

184 https://www.dof.gob.mx/nota_detalle.php?codigo=5730585&fecha=14/06/2024#gsc.tab=0

BIBLIOGRAFÍA

AZUELA RIVERA, Mariano. *Amparo*. Suprema Corte de Justicia de la Nación. México. 2008

AZUELA RIVERA, Mariano. *Introducción al Estudio del Amparo*. Prólogo PALACIOS Ramón J. 2° Edición. Universidad Autónoma de Nuevo León. Monterrey Nuevo León.

BARRAGÁN BARRAGÁN, José. *Algunos documentos para el estudio del Origen del Juicio de Amparo 1812-1861* Universidad Autónoma de México. México. 1987

BARRAGÁN BARRAGÁN, José. *Primera Ley de Amparo de 1861*. Universidad Nacional Autónoma de México. México. 1987

BURGOA, Ignacio. *El Juicio de Amparo*. 6° Edición. Editorial Porrúa. México. 1968.

CASTRO Y CASTRO, Juventino V. *El amparo social*. Editorial Porrúa. México. 2005.

CONTRERAS CASTELLANOS, Julio César. *El Juicio de Amparo Principios Fundamentales y Figuras Procesales*, McGraw-Hill, México 2009

FIX-ZAMUDIO, Héctor. *Ensayos sobre el derecho de Amparo*. Editorial Instituto de Investigaciones de la UNAM. México. 1993.

FIX-ZAMUDIO, Héctor. *Origen y repercusiones de la primera Ley Federal del Trabajo*. Secretaría del Trabajo y Previsión Social. México. 1981.

GONZÁLEZ OROPEZA, Manuel. *Ignacio Luis Vallarta Hombre y funcionario*. Suprema Corte de Justicia de la Nación. México. 1993.

GONZÁLEZ OROPEZA, Manuel. *La centenaria obra de Ignacio L. Vallarta como gobernador de Jalisco*. Universidad Nacional Autónoma de México. México. 1995.

GUDIÑO PELAYO, José de Jesús. *Introducción al amparo mexicano*. 3ª edición. Editorial Limusa. México 2005.

INSTITUTO de Investigaciones Legislativas del Senado de la República. *Nueva Ley de Amparo*. México. 2003.

MADRID HURTADO, Miguel de la. *Estudios de derecho Constitucional*. Editorial Porrúa. México. 1981

MARTÍNEZ GARZA, Julio César. *Derecho Procesal de Amparo*. Editorial Flores Editor y Distribuidor. México 2017

MORINEAU, Marta. *Una Introducción al Common Law*. Universidad Nacional Autónoma de México. México 2004

PADILLA, José R. *Sinopsis de Amparo*. Cárdenas Editor. México. 1977

PONCE DE LEÓN ARMENTA, Luis M. *Estudios en Homenaje al Doctor Héctor Fix-Zamudio. En sus treinta años como investigador en las ciencias jurídicas.* Instituto de Investigaciones Jurídicas. México. 1988.

RABASA, Emilio O. *La evolución constitucional de México.* Instituto de Investigaciones Jurídicas. México. 2004.

RABASA, Emilio. *La evolución histórica de México.* 4° Edición. Editorial Porrúa. México. 1986.

RUIZ TORRES, Humberto Enrique. *Curso General de Amparo.* Prologuista OVALLE Fabela José. Oxford. México. 2006

SOBERANES FERNÁNDEZ, José Luis y MARTÍNEZ MARTÍNEZ, Faustino José. *Apuntes para la historia del juicio de amparo.* Editorial Porrúa. México. 2002.

SOBERANES FERNÁNDEZ, José Luis. *Evolución de la Ley de Amparo.* Universidad Nacional Autónoma de México. México. 1994

SUPREMA Corte de Justicia de la Nación. *Libro Blanco de la Reforma Judicial. Una agenda para la justicia en México.* 2006

SUPREMA Corte de Justicia de la Nación. *Ley De Amparo Reglamentaria De Los Artículos 103 y 107 De La Constitución Política De Los Estados Unidos Mexicanos.* Editorial Color. México 2013

TENA RAMÍREZ, Felipe. *Derecho Constitucional Mexicano.* 36 edición. Editorial Porrúa. México. 2004

TENA SUCK, Rafael y MORALES SALDAÑA, Hugo Italo. *El juicio de amparo en materia laboral.* Editorial Oxford. México. 2000.

VALDÉS, José. *Orígenes de la República mexicana.La aurora constitucional.* UNAM. México. 1994.

ZALDÍVAR LELO DE LARREA, Arturo. *Hacia una nueva Ley de Amparo.* Instituto de Investigaciones Jurídicas. UNAM. México. 2002.

OJEDA BOHÓRQUEZ, Ricardo. *Actualidad Del Juicio De Amparo A 100 Años De La Constitución Mexicana De 1917.* visible en https://archivos.juridicas.unam.mx/www/bjv/libros/9/4317/14.pdf

Poder Judicial De La Federación, *La Reforma Constitucional En Materia De Amparo,* visible en https://www.cjf.gob.mx/documentos/2011/Reforma-Amparo2011.pdf.

Suprema Corte de Justicia de la Nación, Iniciativa Con Proyecto De Decreto Por La Que Se Expide La Ley De Amparo, visible en https://legislacion.scjn.gob.mx/buscador/Paginas/wfProcesoLegislativoCompleto.aspx?q=7kRzIRZznngVsNidaZKZM/Q33E6NfQgmNveWn6w1myF26atvdqivvlposIeSWVmBCz78AljAs+1xvqPMEHp64w==.

Suprema Corte de Justicia de la Nación, Normativa Del Juicio De Amparo: Concordancia Entre El Texto Vigente Y El De 1936 Abrogado. 3ª edición. México 2018. visible en https://sistemabibliotecario.scjn.gob.mx/sisbib/2019/000297979/000297979.pdf

https://www.cndh.org.mx/index.php/noticia/reforma-constitucional-en-materia-de-derechos-humanos-10-de-junio#:~:text=A%20trav%C3%A9s%20de%20esta%20modificaci%C3%B3n,Constituci%C3%B3n%20como%20en%20tratados%20internacionales%5B.

https://www.scjn.gob.mx/sites/default/files/pagina/documentos/2016-11/LibroLeydeamparoenlenguajellano_0.pdf.

https://legislacion.scjn.gob.mx/buscador/Paginas/wfProcesoLegislativoCompleto.aspx?q=7kRzIRZznngVsNidaZKZM/Q33E6NfQgmNveWn6w1myF26atvdqivvlposIeSWVmBCz78AljAs+1xvqPMEHp64w==.

https://www.gob.mx/cms/uploads/attachment/file/66460/9_Ley_Amparo.pdf

https://www.diputados.gob.mx/LeyesBiblio/ref/cnpp/CNPP_ref03_17jun16.pdf

https://www.diputados.gob.mx/LeyesBiblio/abro/lamp/LAmp_abro_02abr13.pdf